le berger allemand

Infographie : Johanne Lemay
Révision : Ginette Patenaude et Véronique Desjardins
Correction : Anne-Marie Théorêt

Catalogage avant publication de Bibliothèque et Archives nationales du Québec et Bibliothèque et Archives Canada

Dehasse, Joël

Le berger allemand

(Mon chien de compagnie)

ISBN 978-2-924036-08-2

1. Berger allemand (Race canine). I. Titre. II. Collection: Dehasse, Joël. Mon chien de compagnie.

SF429.G37D43 2012 636.737'6 C2011-942571-8

Gouvernement du Québec – Programme de crédit d'impôt pour l'édition de livres – Gestion SODEC – www.sodec.gouv.qc.ca

L'Éditeur bénéficie du soutien de la Société de développement des entreprises culturelles du Québec pour son programme d'édition.

Conseil des Arts du Canada Canada Council for the Arts

Nous remercions le Conseil des Arts du Canada de l'aide accordée à notre programme de publication.

Nous reconnaissons l'aide financière du gouvernement du Canada par l'entremise du Fonds du livre du Canada pour nos activités d'édition.

01-12

Dépôt légal : 2012
Bibliothèque et Archives nationales du Québec

ISBN 978-2-924036-08-2

DISTRIBUTEURS EXCLUSIFS :

Pour le Canada et les États-Unis :
MESSAGERIES ADP*
2315, rue de la Province
Longueuil, Québec J4G 1G4
Téléphone : 450 640-1237
Télécopieur : 450 674-6237
Internet : www.messageries-adp.com
* filiale du Groupe Sogides inc.,
filiale de Quebecor Media inc.

Pour la France et les autres pays :
INTERFORUM editis
Immeuble Paryseine, 3, Allée de la Seine
94854 Ivry CEDEX
Téléphone : 33 (0) 1 49 59 11 56/91
Télécopieur : 33 (0) 1 49 59 11 33
Service commandes France Métropolitaine
Téléphone : 33 (0) 2 38 32 71 00
Télécopieur : 33 (0) 2 38 32 71 28
Internet : www.interforum.fr
Service commandes Export – DOM-TOM
Télécopieur : 33 (0) 2 38 32 78 86
Internet : www.interforum.fr
Courriel : cdes-export@interforum.fr

Pour la Suisse :
INTERFORUM editis SUISSE
Case postale 69 – CH 1701 Fribourg – Suisse
Téléphone : 41 (0) 26 460 80 60
Télécopieur : 41 (0) 26 460 80 68
Internet : www.interforumsuisse.ch
Courriel : office@interforumsuisse.ch
Distributeur : OLF S.A.
ZI. 3, Corminbœuf
Case postale 1061 – CH 1701 Fribourg – Suisse
Commandes :
Téléphone : 41 (0) 26 467 53 33
Télécopieur : 41 (0) 26 467 54 66
Internet : www.olf.ch
Courriel : information@olf.ch

Pour la Belgique et le Luxembourg :
INTERFORUM BENELUX S.A.
Fond Jean-Pâques, 6
B-1348 Louvain-La-Neuve
Téléphone : 32 (0) 10 42 03 20
Télécopieur : 32 (0) 10 41 20 24
Internet : www.interforum.be
Courriel : info@interforum.be

mon chien de compagnie

Dr Joël Dehasse

le berger allemand

la griffe
Une compagnie de Quebecor Media

Introduction

Ce livre est conçu comme un guide pratique. Ainsi, vous pouvez le lire de façon linéaire, de la première à la dernière page, parce qu'il présente une continuité, une logique, une présentation de l'information qui suit le développement et l'organisation des comportements du chien. Vous pouvez aussi vous limiter aux chapitres qui vous intéressent. La table des matières vous sera particulièrement utile pour ce type de lecture.

Il fait la part belle au comportement de votre berger allemand, à sa personnalité, à la manière dont celle-ci peut être façonnée par la génétique et l'environnement qui a été, qui est, et qui sera donné au chien.

Ce livre est aussi empreint d'une philosophie nouvelle dans le monde de la cynologie, celle du respect du chien et de ses propriétaires, dans un système gagnant-gagnant. Nous adoptons des chiens pour notre plaisir personnel et c'est légitime. Nous nous posons une question fondamentale : que pouvons-nous faire de plus pour le bonheur de notre chien ? Ce guide vous explique comment faire pour être heureux ensemble.

Toute l'équipe qui a participé à l'élaboration de ce livre vous souhaite beaucoup de plaisir, tant au cours de la lecture de cet ouvrage qu'en compagnie de votre berger allemand.

L'origine et l'histoire du chien

Le chien originel

Le chien d'aujourd'hui descend d'un canidé ancestral, le loup gris eurasien du paléolithique moyen, tout comme les différentes variétés actuelles de loups, les chacals et les coyotes. Il y a entre 30 000 et 150 000 ans, ce loup-ancêtre a subi une mutation majeure : il avait moins peur des humains. Cette caractéristique aurait été défavorable dans la nature, mais elle s'est révélée favorable pour coloniser une niche écologique très particulière : la proximité des êtres humains sédentarisés. Ce loup mutant est venu se nourrir des restes de repas des humains de l'époque, tout comme le renard le fait aujourd'hui, et il est resté à proximité des communautés, se reproduisant et améliorant sans cesse ses aptitudes sociales. Ce canidé mutant est devenu apte à être domestiqué et éduqué, peu à peu, au contact de l'homme ; il est devenu un chien.

Le chien originel vit en association avec l'homme ; il évolue dans son environnement sans lui porter préjudice et lui procure même quelques avantages : il nettoie ses restes, il l'avertit en cas d'intrusion et, s'il est très sociable, il le tient au chaud lors des nuits froides. Ce chien originel ressemble comme deux gouttes d'eau au chien errant actuel, le chien de village indigène. Il a perdu l'aspect physique de loup, il est de taille et de couleur variables, il est moins nerveux que son ancêtre, moins sur le qui-vive et il n'a pratiquement plus peur des humains ; il va même jusqu'à entrer dans leurs habitations.

Au cours des quelques milliers d'années vécues avec ces chiens originels, les habitats humains ont été très diversifiés, exerçant des pressions de sélection qui ont mené à la création de nouvelles races, c'est-à-dire des chiens à l'apparence et aux comportements particuliers. Ainsi, on a vu l'apparition de chiens petits ou grands, fins ou larges, à robe unie ou tachetée, aux oreilles dressées ou tombantes… La famine ou l'abondance de nourriture, les maladies, les conditions climatiques et l'isolement de reproduction, par exemple, ont permis à tel ou tel type de chien d'apparaître et d'évoluer. Chaque niche écologique a permis l'apparition d'une race primitive différente : il existait des milliers de races spontanées de chiens qui se sont développées dans des habitats particuliers et isolés.

De plus, nos ancêtres ont montré une préférence, les uns pour un chien d'une couleur particulière, les autres pour un chiot particulièrement sociable et tolérant au contact, d'autres pour un chien capable de faire face aux prédateurs ou de chasser, ou encore pour un chien très petit ou très grand. On a croisé et recroisé les chiens des races primitives et cela a créé des formes nouvelles : des chiens géants ou nains, à face très longue ou très courte, à poil tressé ou sans poil, avec des dizaines de variantes. Certaines conformations nouvelles et bizarres ont été appréciées, comme les pattes longues des lévriers, les pattes courtes des chiens de terrier ou palmées des chiens d'eau, ou encore la face courte du type bouledogue. Certaines particularités comportementales ont aussi été populaires, comme la capacité de trotter pendant des heures, de pister ou de fixer les proies du regard et de les rassembler que l'on retrouve chez les chiens de berger.

À partir de ces races spontanées et des premiers croisements volontaires de chiens qui avaient des caractéristiques désirables, nos ancêtres ont créé les premières races artificielles de chiens de travail : chiens de chasse, chiens de berger qui rassemblaient des troupeaux d'herbivores domestiqués, chiens de défense des troupeaux et des habitations, chiens de traction et chiens de guerre. Ces chiens avaient des particularités morphologiques qui les rendaient aptes à jouer leur rôle ou à exercer leur « profession », et ils étaient très différents d'aspect et de couleur.

C'est alors que l'homme s'est mis à transformer spontanément les chiens, d'abord pour les différencier des proies ou des prédateurs, comme la sélection de chiens blancs pour éviter de les confondre avec les renards ou les ours, ou de chiens noirs pour faire peur aux voleurs. On a donc croisé des chiens de même fonction, de même morphologie, de même gabarit et de même couleur pour obtenir les races néolithiques. En croisant des chiens qui couraient vite, on a créé des galopeurs comme les lévriers. En croisant des chiens qui couraient longtemps, on a créé des trotteurs comme les huskies, qui peuvent parcourir plus de 100 km par jour. En croisant des chiens pisteurs, on a créé des races au sens olfactif prodigieux comme le bloodhound. En croisant des chiens de défense massifs, on a créé des races géantes comme le berger de Tatras, le montagne des Pyrénées et les dogues. On a créé des chiens de chasse spécifiques pour chaque type de proie et chaque environnement de chasse : chien d'eau, chien de rapport, chien d'arrêt, chiens de chasse à vue ou au nez, chiens pour les proies géantes comme les lions ou les ours, chiens de terrier, par exemple. À ces fonctions spécialisées, ajoutons que le chien servait aussi à la consommation humaine. La relation avec le chien ancestral était fonctionnelle, elle était peu affective.

L'homme, qui a compris les bases de la sélection génétique, a établi des critères esthétiques et a créé des races de plus en plus typées, particulières, voire bizarres comme des chiens qui ont des poils devant les yeux, des chiens aux pattes tordues, des chiens à la face ultracourte, des chiens miniatures ou énormes, des chiens nus, des chiens à crête et bien d'autres. Toutes ces mutations auraient été néfastes dans la nature, mais les chiens porteurs de ces anomalies morphologiques pouvaient survivre auprès de l'homme qui les nourrissait et les protégeait.

Le chien préhistorique

C'est au cours du néolithique, cette période de la préhistoire dont le début se situe autour de 9000 ans avant notre ère, qu'on retrouve le chien partout dans le monde, sur tous les continents, en association avec toutes les cultures humaines. Le chien est le premier animal domestiqué vivant avec l'homme et dépendant de lui.

La dissémination du chien dans le monde s'est faite très rapidement. L'autodomestication du chien s'est-elle faite à plusieurs endroits dans le monde ou le chien provient-il d'une seule origine géographique ? L'hypothèse actuelle est que le chien est probablement originaire du Croissant fertile, une région située entre la Turquie et la Palestine, qui s'étend jusqu'en Iran, et qu'il s'est répandu à travers le monde, vers l'Europe par la Grèce, vers l'Afrique par l'Égypte et vers les Amériques avec les premières migrations humaines par le détroit de Béring (entre la Sibérie et l'Alaska), il y a 14 000 ans.

On retrouve des traces de la présence des chiens dans la préhistoire partout dans le monde. Et c'est à partir de l'Antiquité qu'on en retrouve des traces écrites et picturales. Dans l'Égypte pharaonique, on décrit des races de chiens de type lévrier, terrier, basset, mastiff et même des chiens de compagnie ; le chien est apprécié, divinisé et momifié. À l'opposé, les Israélites rejetaient le chien, le considérant comme un animal impur. Dans la Grèce et la Rome antiques, on décrit des chiens de combat, de berger, de chasse, des épagneuls et aussi des chiens de compagnie. Homère, au VIIIe siècle avant notre ère, parlait des chiens de garde et racontait l'histoire d'Argos, le chien d'Ulysse, qui avait reconnu son maître après 20 ans d'absence. Les Indiens d'Amérique utilisaient des chiens pour la chasse et la pêche. Et en Amérique centrale, durant la préhistoire, on connaît déjà le chien miniature et le chien nu.

Le chien historique

Les époques se suivent et les chiens se multiplient. Ils survivent même en Europe pendant le Moyen Âge qui diabolise le loup et fait du chien un partenaire de la magie noire. Le loup est progressivement exterminé, le chien lui survit, parce qu'il a son utilité. Il est gardien ou berger, animal de boucherie ou encore il offre son pelage pour le tissage de vêtements.

Ce n'est que très récemment dans l'histoire de l'association de l'homme et du chien que celui-ci est devenu un simple compagnon. Le chien de compagnie ne sera vraiment à la mode qu'au XIXe siècle dans les sociétés industrialisées, riches, technologiques et médicalisées. C'est paradoxalement l'amélioration de l'hygiène – remèdes contre les parasites et les maladies transmissibles à l'homme – qui permet au chien d'entrer dans les maisons, les chambres, de monter sur les lits, de s'installer confortablement dans les fauteuils et de faire partie intégrante des ménages. Par contre, dans les sociétés pauvres, le chien reste commensal ou parasite.

C'est à l'époque moderne que le chien s'est vu façonné dans des tâches de plus en plus spécialisées, comme tirer traîneaux et carrioles, faire tourner les broches et les moteurs des rémouleurs, et chasser la vermine.

Cela fait à peine quelques dizaines d'années que le chien nous aide dans la recherche de disparus, de drogue, de truffes, qu'il sert de chien-guide pour les aveugles, les malentendants et les sourds, de chien d'assistance pour les handicapés moteurs, les aidant entre autres à faire leurs courses, qu'il est utilisé pour traiter la dépression, responsabiliser les enfants ou tout simplement l'aimer et en être aimé. C'est dans les années 1970 qu'on se rend compte que l'attachement aux animaux familiers favorise la santé psychologique dans nos sociétés modernes fortement urbanisées. Chiens et chats entrent dans les prisons, les hospices, les foyers pour handicapés, les maisons d'hébergement et les hôpitaux. On a remarqué que l'animal stimulait, facilitait, favorisait la communication et améliorait la santé psychique et physique. La zoothérapie était née, ainsi que les chiens d'assistance. Le chien avait une utilité nouvelle, celle de médiateur social.

Le chien objet

Si Pythagore, déjà au VIe siècle avant J.-C., réclamait le respect envers les animaux, ce n'est vraiment qu'au XIXe siècle qu'on a reconnu que les animaux – entre autres le chien – étaient des êtres sensibles capables de souffrir et de penser. La première association de bien-être animal fut créée en Grande-Bretagne en 1824 et la Déclaration universelle des droits de l'animal a vu le jour en 1978. Une société humaine respectueuse du chien est une aventure récente, qui s'écrit au quotidien. La mode du chien de compagnie a facilité la prise de conscience de la souffrance du chien – qui est bien gérée par la médecine vétérinaire aujourd'hui –, mais elle a conduit à confiner cet animal dans un rôle de compagnon social avec très peu de respect pour ses besoins biologiques, c'est-à-dire courir, chasser, mâcher et poursuivre. Le chien est devenu un objet de consommation, de loisir, de luxe : il existe pour le bien-être et le plaisir de l'homme.

Le chien est un objet commercial. Plus de chiens, c'est aussi plus de ventes de nourriture industrielle, de vaccins, de médicaments, de colliers et de laisses, de jouets et d'autres produits dérivés. Notre société de consommation a idéalisé le chien, ne parlant que du réconfort qu'il apporte aux malades, de sa contribution au développement des enfants et de l'apaisement du sentiment de solitude chez les personnes âgées. Le chien est devenu un assistant social imaginaire parfait. Tout le monde a voulu un chien dans son milieu familial, dans son appartement, sans même se demander si cela respecte la nature du chien. La population des chiens a augmenté jusqu'à atteindre 15 % de la population humaine, et il est entré dans 25 % des foyers, dans les pays riches.

Par ailleurs, le chien est diabolisé : certains chiens – ou plutôt certaines races de chiens – sont présentés comme des monstres dans les médias et, tout comme pour le loup au Moyen Âge, on prône leur extermination. Le public, avide de sensationnalisme et d'horreur, consulte les médias qui relatent des accidents impliquant des chiens, et quoi de plus frappant qu'un chien qui mord et qui tue, n'est-ce pas ? Les médias gagnent à obtenir plus d'auditoire, et les magazines à sensation parlent de chiens psychopathes et dangereux.

Le chien respecté

Si le chien est le meilleur ami de l'homme, l'homme n'a certainement pas été le meilleur ami du chien. Le chien a été modifié génétiquement pour nous servir et toutes ses compétences ont été poussées à l'extrême, que ce soit la course, l'endurance, la rapidité, le flair, l'agression… Et aujourd'hui, le chien, en plus d'être un policier, un militaire, un chasseur, un berger et un gardien, se doit d'être une nounou pour les bébés, un compagnon de jeu pour les enfants, une présence pour les personnes seules, un assistant pour les personnes moins valides, un test diagnostique pour le cancer de la peau, le diabète et l'épilepsie, un athlète, un danseur et également un objet de luxe.

Pour ce faire, on a pris des chiens n'importe où, parmi les chiens de village, les chiens professionnels, les chiens de lignées de beauté, et on leur a demandé de bien se comporter socialement, de se contrôler, d'aimer tout le monde. Le chien est certes malléable et a une bonne capacité d'adaptation, mais uniquement dans des limites établies par sa biologie. Au chien de berger ou de chasse qui court 12 heures par jour, on demande d'être un chien de famille qui reste en appartement sans rien faire ; au chien de garde, on demande de jouer avec les bambins ; au chien de course, on demande de se promener en laisse. Le chien d'aujourd'hui subit un stress énorme, difficile à gérer ; c'est la source des problèmes de comportement si fréquents, ainsi que de nombreux troubles psychosomatiques.

Le chien est aujourd'hui malade de l'homme, du rôle que l'humanité veut lui faire jouer.

La prochaine évolution des mentalités amènera l'homme à permettre au chien de vivre un peu pour lui-même.

L'histoire du berger allemand

Les origines du berger allemand

Depuis que l'homme élève des animaux de rente, il utilise des chiens de berger pour l'aider à retrouver les animaux égarés, à rassembler les troupeaux et à les défendre contre les prédateurs. Les premiers éleveurs avaient besoin d'un chien de travail efficace, polyvalent, rustique, voire indépendant. L'esthétique du chien était secondaire à son efficacité.

Au XIXe siècle, à la suite de la révolution industrielle et de l'abandon des campagnes, l'Empire allemand de Bismarck tente de sauver les produits de la campagne : agriculture et élevage. Le chien fait partie des ressources campagnardes qu'il convient de sauver. Deux centres d'élevage s'intéressent aux bergers d'Allemagne, *Wachsmuth,* de Hanovre, et *Sparwasser,* de Francfort. En 1877, les éleveurs commencent à se réunir pour discuter de l'amélioration des aptitudes au travail de leurs chiens, qui sont morphologiquement très différents : il y en a de petits et agiles, aux oreilles dressées (type Thuringe), et de plus massifs, aux oreilles tombantes (type Wurtemberg), ainsi que d'autres variétés originaires de Bavière ou de Hesse.

En 1891 est fondée la première association de promotion du chien de berger, la Phylax, qui crée le premier livre des origines. Même si cette première société disparaît au bout de quelques années seulement, le mouvement est lancé.

À compter de 1896, des chiens de berger sont dressés spécialement pour la police. Leur succès ne fera que s'accroître, comme chiens policiers ou de guerre. Ces réussites influencent nécessairement les comportements du berger allemand aujourd'hui.

La création du berger allemand

En 1899, le 3 avril, le capitaine de cavalerie Max Emil Friedrich von Stephanitz achète, dans une exposition canine à Hanovre, un berger gris et jaune de 4 ans, à oreilles droites, nommé Hektor von Linksrhein, né dans l'élevage de Sparwasser. Hektor est rebaptisé Horand von Grafath.

Von Stephanitz est considéré comme le père du berger allemand. Le 22 avril 1899, à Karlsruhe, avec son ami Arthur Meyer, il crée un club du berger allemand, le SV (*Verein für deutsche Schäferhunde*), qu'il présidera pendant 35 ans. C'est ce club qui publie le premier standard de la race, le 28 septembre 1899 ; Horand, le jeune chien acheté à Hanovre, inaugure ainsi le livre des origines du SV.

Guidé par von Stephanitz, le berger allemand se développe par et pour le travail, le SV acceptant tout chien de berger, quelle que soit son esthétique, qui atteint la perfection dans son psychisme et son corps.

Les progrès du club sont rapides : il passe de 1215 membres en 1906 à 57 000 en 1923 et à 346 000 en 1926.

Dans les années 1930, en Allemagne, le Parti national-socialiste prend le pouvoir. Malheureusement pour le berger allemand, Adolf Hitler s'éprend de la race ; il possède un chien dès 1921. Son berger favori sera Blondie, une chienne acquise en 1941, et qui décéda dans l'explosion du Führenbunker en 1945.

Entretemps, les nazis ont pris le contrôle du club de race et ont menacé d'envoyer von Stephanitz dans un camp de concentration. Le capitaine décède en 1936, laissant au monde un chien d'exception.

Après la guerre, le club de race revient aux mains des éleveurs, qui reprennent la lignée dirigiste de von Stephanitz. En 1950, la sélection des géniteurs se complète du test de caractère et de l'épreuve au coup de feu.

En 1960, l'esthétique du berger allemand change dans le standard ; à partir de ce moment, on préfère le dos courbé, surtout dans les lignées de beauté.

En 1974 est créée en Allemagne une union mondiale du berger allemand (WUSV, voir le standard de la race). Les premiers championnats de travail se déroulent en 1988 à Münster.

Le berger allemand dans le monde

Le succès du berger allemand comme chien polyvalent, intelligent et travailleur lui permet de passer les frontières et d'envahir le monde. En France, l'importation commence en 1910. Trois ans plus tard, Georges Barais crée le Club du berger d'Alsace, qui deviendra en 1920 la Société du Chien de Berger Allemand (SCBA). Il s'agit du premier club de race français, le berger allemand devenant vite le chien favori des Français.

Le berger allemand arrive en Amérique du Nord dans les années 1910. Le premier club de race est fondé la même année que le Club du berger d'Alsace, en 1913. Selon la politique d'élevage, on y privilégie la beauté au travail. Et la race remporte un franc succès, en partie grâce aux séries télévisées comme *Rintintin* : le nombre de chiens inscrits au livre des origines passe de 25 000 en 1926 à plus de 100 000 en 1970.

L'image moderne du berger allemand

Déjà en 1950, *Rintintin* a donné l'impulsion de l'image moderne du berger allemand, chien militaire et, en même temps, chien familial, ami d'un petit garçon. En effet, Rintintin est polyvalent, excellant dans le pistage, la surveillance, la garde, la défense et le portage, tout en jouant la nounou au foyer auprès de son jeune ami.

Et c'est bien cette polyvalence qui a conduit le berger allemand à exceller tant comme chien de défense et chien de ring que sous d'autres aspects.

La personnalité du berger allemand

Un des chiens les plus polyvalents du monde

Le chien de berger allemand est le type même des chiens polyvalents, c'est-à-dire aptes à tout faire : chien de berger, chien policier, chien de douane, chien de dépistage pour la drogue, chien d'avalanche, chien de décombres, chien guide d'aveugles, chien d'assistance pour handicapés moteurs, chien pour personnes sourdes.

Les aptitudes du berger allemand en font un égal du labrador dans la recherche des personnes ensevelies sous des décombres ou des avalanches, dans la recherche de stupéfiants, d'explosifs et d'armes, dans la recherche de truffes, etc. Enfin, concours d'agility et d'obéissance n'ont plus de secret pour lui, de même que les épreuves de défense, sportives ou professionnelles.

Le berger allemand est un des chiens les plus complets du monde. Le travail lui est aussi nécessaire que de se nourrir ; ne rien faire sera pour lui insupportable.

L'image idéalisée et la réalité d'aujourd'hui

Le standard de la race demande au berger allemand d'être pondéré, bien équilibré, sûr de lui, absolument naturel, parfaitement inoffensif (sauf quand il est excité), vigilant et docile. Il doit faire preuve de courage, avoir un caractère bien trempé et posséder l'instinct du combat, afin de réunir les conditions qui le rendent apte à être un chien d'accompagnement, de garde, de protection, de service et de travail avec des troupeaux. Le standard de l'American Kennel Club demande au berger allemand d'être sûr de lui sans être hostile, et d'avoir une certaine réserve qui ne conduit pas à une amitié immédiate et indiscriminée.

Dans la réalité, il est rare de trouver un chien qui possède l'instinct du combat et qui soit inoffensif en même temps, un chien qui soit à la fois un bon gardien de troupeaux, un gardien attentif et un toutou familial… Aujourd'hui, soit vous avez un berger allemand de travail, et il sera gardien, mordant et certainement pas inoffensif, soit vous avez un berger allemand de beauté, et sa personnalité est imprévisible : de doux à agressif, de mou à hyperactif, de craintif à courageux, de stupide à très intelligent. Dans les rares élevages de bergers allemands de famille, on trouvera des chiens plus équilibrés et sociables.

Le berger allemand a été un chien de travail pendant plus de cent ans. Récemment, on a voulu en faire un chien de garde, un chien de police et une nounou pour les enfants de la famille ; on désire avoir un chien qui va fougueusement à l'attaque, mais qui peut être totalement en contrôle de ses mouvements afin de guider un aveugle ; on demande à un chien à la morsure puissante de se laisser caresser par des handicapés moteurs et par des enfants malades. De l'un des chiens qu'il est le plus facile d'éduquer au monde, on a voulu faire une peluche de salon. Eh bien, sachez qu'un berger allemand de lignée de travail s'accommode mal de ce rôle. Dès lors, si vous désirez un berger allemand adapté à votre personnalité, vous avez intérêt à choisir l'élevage avec soin, en vérifiant la personnalité des parents de votre chien, car une fois adulte, il leur ressemblera.

Le berger allemand de travail et de sport

Le berger allemand n'est plus depuis longtemps un chien de berger ou de bouvier : il ne garde plus les troupeaux à la campagne. Par contre, il est devenu un chien policier et militaire qui n'a été égalé que récemment par le berger belge malinois. Le berger allemand est polyvalent et complet, performant tant dans le pistage et la recherche de disparus que dans la détection d'explosifs, la défense et l'attaque. Le berger allemand de travail est génétiquement prédisposé à travailler 10 heures par jour, 7 jours par semaine. Il ne supporte pas l'ennui ni l'inactivité. S'il n'est pas assez occupé, il présentera tous les problèmes comportementaux imaginables : aboiement, agression envers d'autres chiens, destruction de son habitat, etc.

Dans les lignées de bergers allemands de garde, on trouvera énormément d'exemples de désocialisation et d'agressions de distancement : le chien se lance vers les inconnus en aboyant, très menaçant ; il mord parfois. Promener ce chien dans la rue devient un cauchemar. Il est possible de recommencer l'éducation du chien afin de lui apprendre à rester calme, mais ce comportement est généralement impossible à enrayer complètement.

Le berger allemand excelle dans les sports de mordant :

- « Ring » et « mondioring » : Le chien réalise en terrain clos des exercices d'obéissance (suite en laisse et en liberté, positions diverses, rapport d'objet, refus d'appât), des exercices de saut (palissade, haie, fossé) et des exercices de morsure (garde d'objet avec et sans muselière, attaque lancée et interrompue, défense du maître). Le « ring » est une discipline belge, le « mondioring » est français.
- « Campagne » : Le « campagne » est une discipline complète, en ce sens qu'elle associe des exercices d'obéissance, de saut, de défense, de pistage et de travail à l'eau. Le « campagne » se fait en milieu naturel, à la campagne, comme son nom l'indique. Chaque parcours est différent.
- RCI : Le RCI (Règlement de Concours International) – IP (International Prüfung) en Allemagne avec une variante nommée Schutzhund – est une discipline qui comprend des exercices d'obéissance (appelés exercices d'assouplissement), de défense et de pistage. Il existe trois niveaux.

Le berger allemand de famille

À l'exception des rares bergers allemands élevés depuis des générations pour vivre en famille, je déconseille ce chien comme chien de famille. Qu'on ne se méprenne pas : il y a des bergers allemands parfaitement intégrés dans des familles avec enfants ; des chiens équilibrés, sûrs d'eux, réfléchis, intelligents et qui n'ont pas un besoin énorme d'activité. Mais la majorité des bergers allemands que je vois dans les familles sont choisis pour avoir des vocations antagonistes : être gardien et ami de la famille, et ces deux tâches sont incompatibles, car le bon gardien est réactif, agressif avec les étrangers, il défend l'habitation et les membres de la famille, parfois au point que les amis ne peuvent plus entrer ou bouger. Étant actif, le berger allemand de garde a besoin de se dépenser au moyen d'activités variées, notamment intellectuelles et d'obéissance, sinon il risque de dérailler et de perturber le bon équilibre familial.

Si vous voulez un berger allemand comme compagnon familial, choisissez soigneusement ses origines (ses parents génétiques), l'éleveur, socialisez-le au maximum, et ensuite éduquez-le et travaillez son comportement quotidiennement. Ce guide vous donnera toutes les techniques pour réussir. Choisissez de préférence une chienne ; les mâles ont une tendance invétérée à se bagarrer avec les autres chiens mâles, et retenir un berger allemand de 40 kilos se lançant à toute vitesse contre un congénère en aboyant et les crocs découverts n'est pas de tout repos !

Les relations avec les enfants

On dit du berger allemand qu'il adore se trouver en compagnie des humains, et particulièrement des enfants. Encore une fois, il y a dans cette idée nos désirs et la réalité. La capacité d'entretenir avec des enfants des relations cordiales est une question d'apprentissage pour le chien. Le gène de l'amitié pour l'enfant n'a jamais été découvert dans le génome d'aucun chien ! Alors, prudence ! Cette tolérance et cette socialisation s'acquièrent dès le jeune âge et s'entretiennent continuellement. Pour que le berger allemand vive avec des enfants et aime leur présence, il devra avoir vécu avec eux une période de croissance harmonieuse, puis les fréquenter très régulièrement à l'adolescence et à l'âge adulte.

Faire vivre ensemble un berger allemand et un enfant nécessite un travail d'éducation sur les deux protagonistes, afin d'enseigner un respect mutuel. Un chiot, un chien, n'est pas un jouet, un automate, un polichinelle que l'on peut utiliser et dont on peut abuser à sa guise.

Le chien de famille et les sports de mordant

Je déconseille de faire des sports de mordant avec un berger allemand de famille.

Un chien bien entraîné n'attaque qu'à l'ordre de son éducateur, et s'arrête à l'ordre aussi. Comme le chien réagit et démarre beaucoup plus vite que nous, et comme il court beaucoup plus vite que nous, sa puissance d'impact au moment de la morsure est phénoménale. Et lorsqu'il est en état de surexcitation, il devient très difficile à arrêter. En fait, il est rare qu'un chien de sport d'attaque s'arrête net au premier ordre reçu.

Dans ce sport, les dresseurs aiment que le chien morde fort et à pleines dents. On apprend au chiot à mordre et à tenir la morsure en l'excitant avec un chiffon, puis avec un boudin de tissu et de cuir. Le bon chien de sport de mordant mord fort et tient la morsure jusqu'à ce qu'on lui demande de lâcher.

Ces deux éléments – morsure forte et surexcitation avec difficulté à s'arrêter – font de ces chiens des dangers potentiels pour une famille. Imaginez simplement que le chien morde le bras d'un enfant, fort et longtemps… Ces chiens sont conditionnés à mordre un éducateur spécialisé (appelé apache) protégé contre les blessures de morsures par une manche particulièrement résistante. Le chien doit mordre la manche et rien d'autre. Mais quel est le chien qui a ce niveau de sophistication intellectuelle ? Quel est le chien qui est d'humeur stable et agréable, et ne mord que dans un cadre sportif ? Quel est le chien qui n'aura jamais de douleur – arthrose ou autre maladie, ne fût-ce qu'un abcès – et qui n'utilisera pas ce qu'il a appris pour se défendre d'une manipulation thérapeutique mais douloureuse ? Quel est le chien qui ne confondra jamais la manche d'entraînement et un imperméable roulé autour du bras d'un enfant ou même le bras levé d'un enfant ?

J'affirme que, parmi tous les chiens de sport de mordant, un faible pourcentage seulement sont des chiens suffisamment intelligents, bien socialisés et en contrôle de leurs moyens pour ne mordre que dans les conditions dans lesquelles ils ont appris à le faire et seulement pour le plaisir du jeu. Tous les autres sont des bombes à retardement.

Cela étant dit, le sport de mordant est passionnant pour le chien. Il adore vraiment ça, mordre, tenir, tirer et essayer d'emporter la manche. Et tous les chiens qui jouent à tirer sur une corde avec leur propriétaire sont des chiens de mordant en herbe.

Ces chiens sportifs ne sont pas satisfaits s'ils ne peuvent mordre qu'une fois par semaine. Ils en veulent plus, tous les jours. Cette attitude est parfaite pour les chiens policiers, qui travaillent jour après jour, mais insupportable pour un simple sportif qui, mis à part le jour du dressage, vit en chenil le reste de la semaine, ou qui doit vivre dans le calme d'un foyer familial, sans occupation. Dès lors, si vous voulez faire un sport de mordant avec votre berger allemand, entraînez-le tous les jours, et tâchez de bien lui apprendre à s'arrêter à la demande !

La vie au jardin

Le berger allemand était anciennement un chien de berger, dont le comportement était de pister et de poursuivre le bétail, de le rabattre, mais sans le mordre. Il servait aussi à défendre le bétail contre les prédateurs potentiels. Le berger allemand a ensuite été poussé comme chien policier et chien de défense : on a réintroduit la morsure, même la morsure forte. Actuellement, à part la morphologie, le berger allemand n'a plus rien d'un chien de berger ; comme chien de travail, il est devenu une machine de pistage et d'attaque, avec un contrôle à distance par son éducateur. Le berger allemand a récupéré son comportement de prédation au complet, depuis le pistage jusqu'à la morsure et à la mise à mort.

Dans un jardin, comment le berger allemand peut-il donner libre cours à ses instincts de chasseur ? Il risque de poursuivre, d'attaquer et de tuer tout animal étranger qui pénètre son territoire, depuis la souris minuscule et l'oiseau inoffensif jusqu'au chat, voire au petit chien. Si vous avez des chats, ne vous fiez pas au fait que votre berger allemand les respecte dans la maison : il pourrait très bien les poursuivre dans le jardin, car l'instinct de poursuite est plus fort que la reconnaissance sociale.

Le standard du berger allemand

Origine : Allemagne.
Date de publication du standard d'origine en vigueur : 30 août 1991.
Utilisation : Chien d'utilité, de berger et de service polyvalent.

Un bref aperçu historique

Selon les documents officiels, le Club allemand du berger allemand, société affiliée au VDH (Verein für das deutsche Hundew esen) avec siège à Augsbourg, est reconnu comme association fondatrice et responsable du standard de la race. C'est au cours de sa première assemblée générale, à Francfort-sur-le-Main, le 20 septembre 1899, que le standard de la race a été rédigé selon les propositions d'A. Meyer et de M. von Stephanitz. Ce premier texte a été composé en plusieurs étapes, d'abord à l'occasion de la 6e assemblée des membres, le 28 juillet 1901, ensuite lors de la 23e assemblée des membres, le 17 septembre 1909 à Cologne, puis lors de la réunion du comité directeur et du comité consultatif, à Wiesbaden, le 5 septembre 1930, et enfin à la suite de la séance de la commission d'élevage et du comité directeur, le 25 mars 1961. Le texte a encore été revu dans le cadre de la WUSV (Welt-Union der Vereine für deutsche Schäferhunde / Union mondiale des sociétés du berger allemand) et adopté à la séance de la WUSV du 30 août 1976. Le standard a finalement été remanié et restructuré les 23 et 24 mars 1991 par décision ayant force de loi des comités directeurs et consultatifs. Le berger allemand, dont l'élevage méthodique débuta dès la fondation de la société en 1899, a été, à l'époque, sélectionné à partir des variétés de chiens de berger du centre et du sud de l'Allemagne. L'objectif était alors de créer un chien d'utilité hautement qualifié ; c'est dans ce sens que fut établi le standard, qui prend en considération aussi bien les aptitudes physiques que le caractère et le comportement du chien.

L'aspect général

Le berger allemand est de taille moyenne, légèrement plus long que haut, vigoureux, bien musclé, avec ossature sèche ; construction générale solide.

Les proportions importantes

Hauteur au garrot : Mâle : 60-65 cm
Femelle : 55-60 cm

La longueur du tronc dépasse la hauteur au garrot de 10 à 17 %.

Comportement et caractère

En ce qui concerne son comportement et son caractère, le berger allemand doit être pondéré, bien équilibré, sûr de lui, absolument naturel, parfaitement inoffensif (sauf quand il est excité), vigilant et docile. Il doit faire preuve de courage, avoir un caractère bien trempé et posséder l'instinct du combat, afin de réunir les conditions qui le rendent apte à être un chien d'accompagnement, de garde, de protection, de service et de travail sur troupeaux.

La tête

Elle est cunéiforme, bien proportionnée à la taille (sa longueur est à peu près égale aux 40 % de la hauteur au garrot), sans être lourde ni trop allongée, sèche dans son aspect général et d'une largeur modérée entre les oreilles. De face et de profil, le front n'est que peu bombé, sans ou avec un sillon médio-frontal faiblement marqué.

La région crânienne

Le rapport entre la longueur du crâne et celle du chanfrein est de 1 : 1. La largeur du crâne doit être à peu près égale à sa longueur. Vu de dessus, des oreilles au bout du nez, le crâne va en s'amenuisant régulièrement ; par une dépression crânio-faciale (stop) inclinée, mais pas très prononcée, il se raccorde au museau sous forme de coin. Les mâchoires supérieure et inférieure sont fortement développées. Le chanfrein est rectiligne ; un chanfrein camus (concave) ou busque n'est pas souhaité. Les lèvres, bien tendues et jointives, sont de couleur foncée.

La région faciale

Truffe : Doit être noire.

Denture : Elle doit être robuste, saine et complète (42 dents selon la formule dentaire). Le berger allemand a un articulé en ciseaux, c'est-à-dire que les incisives supérieures viennent se placer en ciseaux devant les incisives inférieures. L'articulé en tenailles, le prognathisme supérieur et le prognathisme inférieur constituent des défauts, de même que la présence d'espaces libres trop importants entre les dents (dents écartées). Une arcade incisive rectiligne est également un défaut. Les maxillaires doivent être fortement développés, pour assurer une profonde implantation osseuse des dents.

Yeux : De grandeur moyenne, en amande, quelque peu obliques et non proéminents. Leur couleur doit être aussi foncée que possible. Des yeux clairs et perçants qui modifient l'expression naturelle du chien ne sont pas souhaités.

Oreilles : Le berger allemand a des oreilles dressées de grandeur moyenne, portées bien droites et symétriques (pas tirées latéralement en position oblique) ; avec leur pavillon tourné vers l'avant, elles se terminent en pointe. L'oreille semi-dressée et l'oreille tombante sont des défauts. Quand le chien est au repos ou en action, une oreille portée couchée vers l'arrière n'est pas un défaut.

Le cou

Robuste, bien musclé et sans laxité de la peau de la gorge (fanon). Il forme avec le tronc (horizontal) un angle d'environ 45°.

Le tronc

La ligne du dessus va sans rupture visible depuis l'encolure bien sortie en passant par le garrot bien développé et par le dos très légèrement incliné vers l'arrière jusqu'à la croupe légèrement oblique. Le dos est ferme, robuste et bien musclé. Le rein est large, fortement développé et bien musclé. La croupe, longue et légèrement oblique (angle d'environ 23° sur l'horizontale) doit se fondre dans l'attache de la queue sans solution de continuité de la ligne du dessus.

La poitrine

Elle doit être modérément large, avec un sternum aussi long et bien marqué que possible. La hauteur de la poitrine doit mesurer environ 45 à 48 % de la hauteur au garrot. Les côtes doivent être modérément cintrées. Un thorax en tonneau est tout aussi défectueux qu'un thorax aux côtes plates.

La queue

Elle atteint au moins le jarret, mais ne doit pas dépasser le milieu du métatarse. Le poil à sa face inférieure est un peu plus long ; la queue est portée tombante en décrivant une légère courbe. Quand le chien est excité ou en action, elle se relève davantage, mais sans aller au-dessus de l'horizontale. Toute correction chirurgicale est interdite.

Les membres

Les membres antérieurs

Vus de tous les côtés, les antérieurs sont d'aplomb. Vus de devant, ils sont parfaitement parallèles. L'omoplate et le bras sont de même longueur et bien appliqués contre le tronc grâce à une musculature puissante. L'angle formé par l'omoplate et le bras mesure idéalement 90°, pratiquement jusqu'à 110°. Ni en station ni en action les coudes ne doivent être décollés ou serrés. Vus de tous les côtés, les avant-bras sont droits et parfaitement parallèles entre eux, secs et dotés de muscles fermes. La longueur des métacarpes est environ un tiers de celle de l'avant-bras ; ils forment avec ce dernier un angle d'environ 20 à 22°. Aussi bien un métacarpe trop incliné (plus de 22°) qu'un métacarpe trop droit (moins de 20°) sont préjudiciables à l'utilité du chien, tout spécialement en ce qui concerne sa capacité d'endurance. Les pieds sont arrondis, les doigts sont bien serrés et arqués, les coussinets sont durs sans tendance à se crevasser ; les ongles sont robustes et de couleur sombre.

Les membres postérieurs

Les postérieurs sont légèrement inclinés vers l'arrière, tout en restant, vus de derrière, parallèles entre eux. La cuisse et la jambe sont d'une longueur presque identique et forment un angle d'environ 120°. Les cuisses sont puissantes et bien musclées. Les jarrets sont fermes et robustes ; le métatarse, sous le jarret, est perpendiculaire au sol. Les pieds ont les doigts serrés, légèrement arqués ; les coussinets sont durs et de couleur foncée ; les ongles sont robustes, courbes et également de couleur sombre.

Les allures

Le berger allemand est un trotteur. Les angulations et la longueur des membres doivent être si bien équilibrées que, sans oscillation notable de la ligne du dessus, les postérieurs peuvent s'engager vers l'avant sous le corps et les antérieurs couvrir un terrain égal. Toute tendance à une surangulation des postérieurs diminue la fermeté et l'endurance, et est préjudiciable aux capacités d'utilisation du chien. En présence de rapports corrects entre la structure générale et les angulations, on obtient des allures de grande amplitude au ras du sol sans signe apparent d'effort. Au trot, régulier et calme, la tête tendue vers l'avant et la queue légèrement relevée forment, de la pointe des oreilles par la nuque et le dos jusqu'au bout de la queue, une ligne du dessus souple, harmonieuse et ininterrompue.

Peau : Elle est (souplement) appliquée sans former de plis.

La robe

Texture du poil : Le pelage correct du berger allemand est un poil double avec sous-poil. Le poil de couverture doit être aussi dense que possible, droit, rude et bien couché. Le poil est court sur la tête, y compris sur la face interne du pavillon des oreilles, sur la face antérieure des membres, sur les pieds et sur les doigts ; il est un peu plus long et plus fourni sur le cou. À la face postérieure des membres, il s'allonge jusqu'au niveau du carpe ou du jarret, en formant des culottes d'ampleur modérée derrière les cuisses.

Couleur du poil : Noir, avec des marques brun rouge, brunes ou jaunes jusqu'à gris clair. Noir et gris unicolore, le gris étant charbonné (ombré). Manteau et masque noirs. De petites taches blanches discrètes sur le poitrail ou une coloration très claire à la face interne des membres sont tolérées, mais pas recherchées. La truffe doit être noire dans toutes les variétés de couleur. L'absence de masque, des yeux clairs à perçants, des marques claires à blanchâtres sur le poitrail et à la face interne des membres, des ongles d'une couleur claire et le bout de la queue rouge seront pénalisés en tant que signes de pigmentation insuffisante. Le sous-poil est d'un gris léger ; le blanc n'est pas admis.

Taille et poids

Mâle : Hauteur au garrot : 60 à 65 cm
Poids : 30 à 40 kg
Femelle : Hauteur au garrot : 55 à 60 cm
Poids : 22 à 32 kg

Les défauts

Tout écart par rapport à ce qui précède doit être considéré comme un défaut qui sera pénalisé selon sa gravité.

Les défauts graves

- Tout écart du présent standard qui serait préjudiciable à l'aptitude au travail du chien.
- Défauts des oreilles : oreille attachée latéralement, trop bas, semi-tombante, tirée latéralement en position oblique, dressée sans fermeté.
- Défauts importants de pigmentation.
- Résistance générale fortement réduite.
- Défauts de denture : tout écart de l'articulé en ciseaux et de la formule dentaire, mis à part les défauts éliminatoires.

Les défauts éliminatoires

- Chien faible de caractère, mordeur ou nerveusement peu équilibré.
- Chien affecté d'une grave dysplasie de la hanche vérifiée.
- Chien affecté de déformations aux oreilles et à la queue.
- Chien affecté de malformations.
- Défauts de denture, en cas de l'absence d'une PM3 plus une autre dent, d'une canine, d'une PM4, d'une M1 ou d'une M2, ou au total de trois dents ou plus.
- Chiens affectés de défauts des mâchoires : prognathisme inférieur de 2 mm et plus, prognathisme supérieur, ensemble des incisives en position bout à bout.
- Plus d'un centimètre en plus ou en moins par rapport à la taille prescrite par le standard.
- Albinisme.
- Couleur blanche de la robe (même si les yeux et les ongles sont de couleur foncée).
- Poil double long : poil de couverture long, mou, mal couché, avec sous-poil, formant des franges aux oreilles et aux membres, des culottes touffues et une queue touffue avec drapeau dans la partie inférieure.
- Poil long : poil long et mou, sans sous-poil, en général avec formation d'une rate dans l'axe du dos, franges aux oreilles, aux membres et à la queue.

N. B. : Les mâles doivent avoir deux testicules d'apparence normale complètement descendus dans le scrotum.

La biologie du berger allemand

La génétique

La génétique quantitative

Toutes les caractéristiques du chien ont une base génétique qui s'exprime plus ou moins fortement, qu'elles soient morphologiques, par exemple la taille, le poids, la longueur des membres, la couleur du pelage, ou comportementales, par exemple l'agressivité, l'intelligence et les émotions. Cette base est donnée par les gènes, assemblés dans les chromosomes qui sont constitués d'ADN, et cet ADN est hérité du père et de la mère.

Pour certaines caractéristiques, comme la couleur des yeux et la surdité congénitale, seulement quelques gènes interviennent. Mais pour la plupart des caractéristiques, des centaines de gènes coopèrent. C'est ce qu'on appelle la «génétique quantitative». Si nous considérons la taille pour une race de chiens donnée, on peut décrire une moyenne acceptable pour cette race. Cependant, certains chiens de cette race se situeront en dehors de ces normes. La répartition de la taille dans la population est décrite par une courbe en cloche, appelée «courbe de Gauss». Chaque chien peut être décrit par la place qu'il occupe sur cette courbe: la plupart des chiens se situent près de la moyenne et certains en sont très éloignés.

On pourrait sélectionner les chiens qui sont éloignés de la moyenne de la race et les reproduire entre eux, et modifier cette caractéristique en quelques générations seulement. On peut le faire pour la taille, la couleur du pelage ou des yeux, la longueur du museau ou du poil, la coaptation des hanches, le flair, et également pour les différentes formes d'agression, la réactivité, la sensibilité, les tendances émotionnelles ou le besoin d'activité. Les centaines de caractéristiques sont toutes modifiables par sélection. On pourrait, par exemple, doubler le poids moyen d'une race en 10 à 20 générations, soit en 10 à 20 ans.

La génétique et l'héritabilité

Le chien a 39 paires de chromosomes. Le loup, le chacal et le coyote ont aussi 39 paires de chromosomes, et le chien peut se reproduire avec ces autres canidés et concevoir une descendance fertile. Sur le plan génétique, le chien fait partie de la même espèce que le loup, le coyote et le chacal. Il est à noter que tous les chiens, quelle que soit leur race, peuvent se reproduire et leur descendance également ; ils partagent le même « pool génétique », c'est-à-dire le même groupe de gènes, malgré leurs énormes différences morphologiques et comportementales. Parmi les canidés, le renard a 18 paires de chromosomes et appartient à une tout autre espèce, incapable de se reproduire avec le chien. L'homme, par comparaison, a 23 paires de chromosomes.

Malgré que le chien ait un nombre différent de chromosomes, il partage, tout comme de nombreux mammifères supérieurs, près de 88 % de son matériel génétique avec l'homme. Cela ne rend pas le chien à 88 % humain, et ces 12 % de différence génétique sont responsables de nombreuses différences phénotypiques et physiologiques.

L'héritabilité, c'est-à-dire une caractéristique qui peut être transmise héréditairement, a été peu calculée chez le chien. L'héritabilité moyenne des caractéristiques physiques et comportementales est de 25 %. Elle est d'environ 20 % pour le nombre de chiots dans la portée. Elle est de 35 à 65 % pour les traits morphologiques, selon la race. L'héritabilité est de 25 à plus de 40 % pour certaines caractéristiques des chiens chasseurs, comme l'utilisation du nez, le travail à l'eau, la recherche ou le pointer. Pour certaines malformations, comme la cryptorchidie et la hernie ombilicale, elle est de 50 à 70 %. L'héritabilité du tempérament nerveux est de 45 à 55 %.

Il est risqué de généraliser à partir du peu de chiffres d'héritabilité connus, mais on peut dire que l'héritabilité des tempéraments est en moyenne de

50 %, celle des maladies génétiques (surdité, glaucome, épilepsie et maladie discale, par exemple) varie de 30 à 70 %.

Ces chiffres expliquent pourquoi on peut facilement modifier une race en sélectionnant les individus porteurs ou non d'une caractéristique. Il est tentant de reproduire un beau mâle par insémination artificielle sur des centaines de femelles. Toutefois, on risque de provoquer ainsi des caractéristiques indésirables dans une grande partie de la population de cette race, que ce soit des troubles morphologiques, une sensibilité immunitaire, une perturbation sensorielle ou des troubles comportementaux.

La génétique du comportement

Les caractéristiques comportementales sont toutes partiellement « héritables ». Plus le comportement est complexe, plus l'héritabilité est faible. Par contre, l'héritabilité est forte pour les comportements élémentaires, comme les patrons-moteurs. Les patrons-moteurs sont de petites unités comportementales héritées et peu modifiables par l'expérience. Par exemple, le secouement d'un objet pris en gueule : tous les chiens reproduisent ce comportement, quelle que soit leur race. Il s'agit d'un patron-moteur de mise à mort d'une proie de petite taille : le secouement entraîne un étourdissement de la proie. Le chien de famille secoue ses peluches, des cordes, toutes sortes d'objets. Ce comportement est génétiquement programmé et transmissible à la descendance.

Il existe des dizaines de patrons-moteurs, entre autres tourner sur soi-même avant de se coucher pour dormir, fixer des yeux une proie, poursuivre un objet mobile, sauter à pattes jointes sur un petit objet ou une petite proie, enterrer un os, s'immobiliser pour arrêter un conflit. Chacun de ces patrons-moteurs possède son intensité propre, c'est-à-dire la fréquence et l'intensité avec laquelle un chien l'exprime : par exemple, un chien va fixer du regard des objets des heures par jour, un autre seulement pendant quelques minutes.

De nombreux comportements apparaissent aux environs de la puberté, sous l'influence de gènes qui s'expriment tardivement et s'activent à un âge particulier. C'est le cas de tous les gènes qui déclenchent la production hormonale de la puberté, mais aussi d'autres gènes qui vont entraîner des changements de tempérament et de comportements, comme l'apparition de peurs et d'agressions proactives. Lorsqu'un comportement surgit à cette période sans que l'animal ait subi un traumatisme bien spécifique, il faut considérer l'influence génétique.

Certains de ces patrons-moteurs qui apparaissent précocement ou tardivement entraînent des troubles, voire des pathologies : la tétée du flanc chez le doberman, le tournis – le chien tourne sur lui-même comme une toupie – chez le berger allemand, le bull-terrier et le jack russell-terrier, la chasse aux mouches (inexistantes) chez le cavalier King Charles, la chasse des ombres et des reflets chez le rottweiler, et l'hyperactivité chez le labrador, le tervueren et le berger des Pyrénées, par exemple.

Les compétences sociales ont elles aussi une base génétique : aptitudes à socialiser, durée de la période de socialisation, généralisation des compétences sociales. Cependant, l'amitié pour l'enfant, décrite indûment pour certaines races, n'est pas héréditaire, mais résulte d'un apprentissage.

Les différents comportements d'agression ont certainement une base génétique, dont l'héritabilité qui est actuellement peu connue ou inconnue. L'homme a sélectionné avec succès des chiens de guerre, de défense, d'attaque et de combat dressés à combattre divers animaux, y compris d'autres chiens. Pour ce faire, on sélectionne des traits comme l'irritabilité, la réactivité, la proactivité, l'insensibilité à la douleur, la personnalité impulsive-explosive et d'autres. Il est possible d'obtenir des lignées de chiens au tempérament plus agressif que la moyenne de la population canine. Néanmoins, la caractéristique agressive sélectionnée s'exprime sous forme d'une courbe de Gauss : certains chiens seront très agressifs, d'autres ne le seront pas, même s'ils sont issus de parents agressifs, tout comme on observe des chiens de petite taille issus de parents de grande taille. Il faut éviter de généraliser et d'attribuer à une race des tendances comportementales que l'on retrouve dans certaines lignées. Dès lors, affirmer que tous les chiens de telle race, les pitbulls par exemple, sont agressifs ou que tous les border collies sont intelligents n'a pas de fondement scientifique ni génétique. Et comme on l'a affirmé auparavant, une lignée, et donc une race également, peut changer en 10 à 20 ans de sélection génétique.

L'importance de la génétique en élevage

Les tests génétiques servent généralement à déterminer si un chien est porteur ou non d'un gène particulier, généralement nuisible ou problématique. Ce chien sera exclu de l'élevage, pour le bien de la race.

En comportement, il n'y a pas encore de tests génétiques. La sélection se fait alors sur le phénotype (les caractéristiques observables) des géniteurs si l'héritabilité est haute, et sur celles de leur descendance si l'héritabilité est faible. Autant il faut éviter de reproduire des chiens qui présentent des caractéristiques indésirables comme la peur ou l'agression, autant il faut éviter de reproduire de façon répétée des chiens dont certains descendants sont craintifs ou agressifs. Il en est de même pour les caractéristiques désirables à sélectionner sur le phénotype des géniteurs ou sur celui de leur descendance.

La biologie et l'hérédité

Les instincts de mon berger allemand

L'instinct est un processus physiologique ou une séquence comportementale héréditaire. En comportement, l'instinct se manifeste par des patrons-moteurs, ou coordinations héréditaires. Il s'agit de petites séquences de mouvements automatiques, irrésistibles, irrépressibles, non modifiables, non apprises, déclenchées par un stimulus de l'environnement et partagées par l'ensemble des individus de l'espèce. Ces patrons-moteurs apparaissent à des moments précis au cours du développement.

Il y a des centaines de patrons-moteurs, comme s'accroupir sur l'avant-train pour inviter un congénère à jouer, poursuivre un objet en mouvement, secouer un objet, marcher, courir, sauter, chevaucher, pointer, téter, mâcher. Les fonctions comportementales complexes, comme la chasse, la reproduction et le maternage, ne sont pas des instincts, mais sont constituées de nombreux patrons-moteurs instinctifs qui se combinent de façon fonctionnelle. Par exemple, pour chasser, le chien fait appel à la fixation oculaire suivie d'une approche lente, suivie d'une poursuite, d'une capture et d'une mise à mort.

Chaque patron-moteur s'exprime de façon irrépressible – en fonction de sa motivation interne – sans pour autant être fonctionnel. Par exemple, le chiot tète pour téter, pas pour ingérer du lait ; mais s'il n'ingère pas de lait, il mourra ; et s'il ingère du lait très vite, il continuera à téter pour satisfaire son besoin de téter. Tous les chiots n'ont pas le même besoin, la même motivation à téter ; certains ont besoin de téter longtemps et resteront à la mamelle alors qu'ils sont repus ; d'autres ont peu besoin de téter et lâchent la mamelle dès qu'ils sont rassasiés de lait ; certains chiots vont téter jusqu'à l'âge de 4 mois, alors que d'autres s'arrêtent déjà à 5 semaines.

Le patron-moteur s'exprime pour s'autosatisfaire, c'est tout. Il n'a pas d'autre finalité. Si le chien fait quelques cercles avant de se coucher pour dormir, c'est pour satisfaire son besoin de tourner. La nature a permis à ce comportement de persister parce qu'il donnait à l'ancêtre-chien un avantage. Actuellement, le comportement persiste parce qu'il n'entraîne pas de désavantages. Cependant, quand le chien se met à tourner cinq heures par jour, cela engendre une perturbation générale de l'ensemble de ses capacités d'adaptation. Ce comportement, devenu obsessionnel-compulsif, a comme base un patron-moteur – génétiquement programmé et donc « héritable » – de forte motivation.

La biologie des besoins d'activité

Le chien a besoin d'activité, c'est-à-dire de bouger et d'avoir des occupations physiques et mentales. Le besoin d'activité est biologique et incompressible. Il varie pour chaque chien, et la moyenne est de 3 à 5 heures par jour dans la population canine en général. L'ancêtre-chien devait chercher sa nourriture plusieurs heures par jour et les chiens modernes avaient, jusqu'à récemment, un travail comme garder les moutons, chasser, défendre une propriété ou tirer un traîneau. Nos chiens ne sont distants que de quelques générations de leurs aïeuls et la sélection du chien de famille n'a pas encore porté sur la tolérance à l'inactivité et à l'oisiveté. Dès lors, la plupart des troubles comportementaux dont souffrent les chiens de famille urbains sont liés à l'ennui.

Il faut fournir à son chien une grande variété d'activités quotidiennes : courir, mâcher, ronger, chercher un objet, le rapporter, obéir à des ordres simples ou réaliser des figures de cirque. Les deux activités les plus fatigantes pour le chien sont mâcher et faire travailler son intellect par des jeux intelligents. L'idéal serait de redonner au chien un travail et de lui faire chercher sa nourriture.

La biologie des motivations

Les différents besoins du chien n'ont pas la même motivation. La nécessité d'exprimer les patrons-moteurs est variable d'un chien à l'autre. Et l'ensemble des comportements peut se diviser en différentes catégories, selon une échelle de motivations décroissante :

1. Besoins de survie et de sécurité : lutter contre la peur, le froid ou la chaleur, la faim, la douleur, dormir, défendre ses chiots ; et aussi l'attachement et l'affection.
2. Besoins instinctifs et biologiques : tous les patrons-moteurs, par exemple de chasse, de sexualité en période hormonale propice, mais aussi les troubles obsessionnels-compulsifs.
3. Besoins sociaux et ludiques : communication et querelles sociales, jeux et autres.
4. Besoins psychologiques et de développement personnel : développement cognitif, état de bien-être.

Cette organisation des besoins et des motivations est logique. L'individu doit d'abord survivre, puis il peut satisfaire ses patrons-moteurs instinctifs, qui sont biologiques et irrépressibles, ensuite satisfaire ses besoins sociaux, moins fondamentaux, et enfin s'amuser et penser à assurer son bien-être psychologique.

Le comportement alimentaire de mon berger allemand

La physiologie et les instincts alimentaires

Le chien mange pour plusieurs raisons : parce qu'il a faim, pour survivre, pour combler un déficit en calories, pour satisfaire ses patrons-moteurs de recherche alimentaire et de mastication, parce que cela lui fait plaisir, apaise son ennui, l'occupe, et que mastiquer lui fournit une activité. Manger lui apporte satisfaction, contentement et plaisir. Enfin, manger peut devenir une obsession et une compulsion. Normalement, le chien s'arrête de manger quand il est rassasié, mais comme la moitié des chiens urbains sont en surpoids, il semble que le mécanisme de satiété ne suffit pas à interrompre l'ingestion de calories excédentaires. La raison est que le chien ne mange pas seulement pour combler ses besoins physiques. Manger est une activité qui, dans la nature, exige plusieurs heures quotidiennement, et le chien de famille reçoit des repas qu'il ingère en quelques minutes. Cela n'est pas suffisant – ni respectueux de la nature du chien – pour rassasier les différents patrons-moteurs activés par le comportement alimentaire : recherche, furetage, sélection, poursuite, mastication (pendant des heures).

La faim dépend de nombreux mécanismes physiologiques ; parmi ceux-ci, les contractions désagréables de l'estomac lorsqu'il est vide, la baisse du taux de glucose sanguin et l'augmentation du taux d'insuline dans le sang. La satiété est un mécanisme physiologique complexe lié au remplissage de l'estomac, au nombre de mastications, à la durée de l'ingestion et à l'augmentation de certaines neurohormones dans le sang.

Comment nourrir mon berger allemand ?

À cette époque caractérisée par le choix de l'alimentation industrielle pour son chien, on ne sait plus quoi choisir entre les croquettes, les boîtes de conserve, les pâtées et même les aliments végétariens. On se demande si on devrait revenir à l'alimentation traditionnelle et lui offrir des restes de table ou encore lui donner des aliments crus. Chaque conseiller, qu'il soit vétérinaire, producteur d'aliments industriels ou vendeur en animalerie, vous donnera son avis qui peut diverger de celui des autres.

Alors quoi donner à manger à son chien ? Voici quelques conseils que je donne à ma clientèle :

- offrir au chien un aliment facile à digérer, à savoir qui n'entraîne pas de fermentation, et qui produit un petit volume de selles non collantes, sèches, faciles à ramasser. Souvent, il s'agira d'aliments riches en protéines, dont la proportion est supérieure à 30 % dans la matière sèche, et faibles en amidon ;
- faire en sorte que votre chien passe beaucoup de temps à trouver et à mastiquer ses aliments, afin de satisfaire son patron-moteur de recherche de nourriture, qui est d'environ trois heures par jour. À cet effet, vous pouvez vous procurer un distributeur mobile de croquettes, disperser ses aliments sur de grandes surfaces et les cacher, par exemple ;
- opter pour des aliments que le chien devra mastiquer activement et pendant un certain temps avant d'en venir à bout. Quelques exemples : poulet cru avec les os, aliments cachés dans des boîtes, des bouteilles en plastique ou des objets creux en caoutchouc.

Vous pouvez aussi suivre les recommandations de votre vétérinaire, qui pourra vous conseiller des aliments adaptés à chaque type de chien et de situation :

- chiot en croissance, chien adulte, chienne allaitante ou chien âgé ;
- niveau d'activité : régime d'entretien ou régime pour sportifs ;
- pathologies : problèmes rénaux, hépatiques, digestifs, pancréatiques (diabète et insuffisance pancréatique), troubles cardiaques, calculs rénaux et vésicaux ;
- problèmes de comportement : prévention de la démence sénile.

Vous pouvez préparer vous-même le repas de votre chien : de 20 à 50 g/kg de viande ou de poisson que vous pouvez servir cru, des légumes verts, très peu à pas du tout d'amidon (contenu dans les céréales), un peu d'huile de colza, pour l'apport en oméga-3, et des fruits. La volaille peut être offerte crue avec les os, qui sont cartilagineux, ou cuite sans les os qui, une fois cuits, donnent des esquilles qui peuvent causer des perforations intestinales. On évitera l'ail et l'oignon qui peuvent occasionner des hémorragies, et le chocolat qui cause des intoxications à une dose aussi faible que 10 g/kg à cause de la théobromine qu'il contient. Un régime végétarien est possible, mais n'est pas recommandé ; les protéines végétales sont moins digestes que les protéines animales et elles manquent de certains acides aminés essentiels : il faut compléter le régime végétarien par des œufs, des produits laitiers ou du poisson.

Le chien a besoin de 20 à 50 ml/kg d'eau par jour, y compris l'eau contenue dans les aliments. Un chien boit davantage s'il est nourri avec des aliments secs, par temps chaud et à la suite d'un exercice. Si le chien boit plus de 50 ml/kg quotidiennement, il vaut mieux consulter son vétérinaire : la prise excessive de boisson peut être liée à de nombreux facteurs physiopathologiques, comme le diabète sucré, le diabète insipide, l'insuffisance rénale parfois chronique, l'atteinte hépatique ou la métrite.

Les règles sociales entourant les repas

Quand l'aliment est une ressource limitée à partager en groupe, cela entraîne des conflits qu'il faut régler par agression compétitive ou organisation de l'accès à la nourriture. Le chien le plus motivé – parce qu'il a plus faim, qu'il est obsédé par la nourriture ou que la nourriture est originale et appétissante, comme un os – va tenter de s'approprier les plus beaux morceaux. Si le conflit se répète jour après jour et que le même chien gagne systématiquement, il obtient un privilège et les agressions s'arrêtent.

L'alimentation, un outil d'apprentissage

Je recommande de ne plus donner les repas dans une gamelle, mais d'utiliser la nourriture des repas comme récompense pour des exercices d'obéissance ou des activités cognitives. Chaque croquette, chaque morceau de viande, de saucisson ou de fromage doit être mérité par un travail préalable. Cette technique permet de donner des activités structurées à son chien et de le rendre plus obéissant de façon positive et ludique, ce qui diminue de nombreux troubles comportementaux. Cela n'entraîne aucun problème digestif : le chien s'adapte à manger un gros repas une fois par jour ou à prendre cent petites bouchées quotidiennement.

Cette technique est très efficace. Certains propriétaires ont de la difficulté à l'appliquer parce que le comportement alimentaire de l'être humain est social et que donner de la nourriture est un signe d'affection. Mais expérimentez-la et vous verrez : le chien l'apprécie.

Les troubles du comportement alimentaire

Parmi les troubles du comportement alimentaire, on trouve la perte d'appétit, fréquemment liée à des problèmes de santé, comme la fièvre, l'inflammation de l'estomac ou des atteintes généralisées. Certains manques d'appétit, par exemple l'hyporexie et l'anorexie, sont liés à des états dépressifs aigus, au stress et à la peur ou aux hormones mâles, plus particulièrement la testostérone : le mâle perd l'appétit, parfois de façon chronique, dès la puberté lorsqu'une femelle est en chaleur ; dans ce cas, une antihormone ou la castration règle le manque d'appétit.

La plupart des chiens ont trop d'appétit, ils mangent trop et ne ressentent pas le signal qu'ils n'ont plus faim. Pour eux, il vaut mieux augmenter le travail de recherche alimentaire et d'ingestion, et réduire les calories du repas.

Enfin, certains chiens mangent des substances non alimentaires ou des excréments (coprophagie). Lorsque le chien mange des substances non alimentaires, il doit mastiquer davantage. Offrez-lui des os ou des objets à mâcher. Quant à la coprophagie, elle est assez normale chez le chien, car son ancêtre était un éboueur. Quand le chien mange ses propres excréments, il s'agit la plupart du temps d'une mauvaise digestion des amidons. Si c'est le cas, une façon de le découvrir consiste à donner à votre chien de la viande crue, de préférence, car cet aliment est très digeste pour lui. La coprophagie s'arrêtera alors en quelques jours. Ensuite, il faut lui offrir des aliments faciles à digérer pour éviter que ce problème ne se répète.

Les problèmes de consommation excessive d'eau sont le plus souvent liés à de l'insuffisance rénale ou hépatique, ou au diabète, mais on observe quelques rares cas de chiens qui boivent compulsivement de grandes quantités d'eau.

Les comportements liés à l'élimination

Le chien élimine généralement n'importe où à l'exception des lieux où il se couche, où il mange et, parfois, où il joue. Il a néanmoins des préférences. L'élimination des selles ou de l'urine se fait en position accroupie. L'élimination de l'urine en position debout, une patte postérieure levée, est plutôt en association avec du marquage de communication.

Comment apprendre la propreté à mon berger allemand ?

Biologiquement, le chien est propre quand il respecte les lieux de couchage et d'alimentation.

Culturellement, le chien est propre quand il respecte l'habitat de ses propriétaires. Pour cela, il faut que le chien :

- puisse contrôler et retenir ses éliminations, ce qui est possible à partir de l'âge de 2 à 4 mois pendant 6 à 8 heures durant les périodes de sommeil et pendant 2 à 4 heures durant les périodes d'activité ;
- ne souffre pas de problèmes digestifs ou urinaires ;
- soit conduit de façon régulière et adaptée dans les lieux d'élimination choisis après avoir mangé, bu ou joué ;
- soit motivé à éliminer en dehors de la maison ou de l'appartement. Une bonne façon de l'aider est de le récompenser quand il élimine dehors dans les lieux que vous avez choisis.

Le chien est dit malpropre lorsqu'il ne respecte pas l'habitat de ses propriétaires sans pour autant souffrir d'incontinence. La plupart des chiens malpropres – et en bonne santé apparente – souffrent d'une mauvaise digestion ou d'une mauvaise gestion de l'ingestion d'eau. On observe régulièrement des souillures : chez les chiens hyperactifs qui, parce qu'ils sont distraits lorsqu'ils sont dehors, urinent dans un milieu calme, donc dans la maison ; chez les chiens qui ont vécu en chenil et ont été forcés d'éliminer là où ils vivaient ; chez les chiens craintifs et anxieux qui ont des mictions et des défécations de stress ; chez les chiens tristes et dépressifs ; et chez les chiens âgés qui souffrent de démence sénile.

Les chiens incontinents éliminent sans s'en rendre compte : en position debout, ils marchent et dispersent leurs excrétions ; en position couchée, ils se salissent et restent dans leurs excréments. La cause de la plupart des incontinences est d'origine physique : parésie ou paralysie progressive du train arrière, hernie discale, insuffisance d'hormones sexuelles chez la chienne stérilisée ou autres problèmes. Les causes comportementales sont la peur, l'excitation, le syndrome post-traumatique (dépression aiguë) et la démence sénile.

Le marquage urinaire

Le marquage urinaire est le dépôt volontaire d'urine par lever de patte, plus fréquent chez le chien mâle non castré et la chienne en chaleur ; il a d'abord une valeur de communication sexuelle, puis sociale. L'urine contient des composants chimiques, des odeurs et des phéromones qui informent les autres chiens de la disponibilité sexuelle de l'émetteur et du passage d'un adulte sexuellement motivé. Comme la sexualité du chien dépend de ses hormones, le marquage est saisonnier chez la chienne, qui a des chaleurs une ou deux fois par an, tandis que le marquage est quotidien chez le chien mâle, potentiellement actif sexuellement toute l'année. Et comme le chien mâle urbain vit parmi un grand nombre de chiens marqueurs, il élimine toute son urine en marquant ; il ne lui reste rien à éliminer en s'accroupissant. Le marquage urinaire devient alors un réflexe urinaire ; certains chiens mâles ne peuvent plus uriner qu'en levant la patte.

Le traitement du marquage urinaire gênant (dans la maison) passe essentiellement par la réduction du taux des hormones sexuelles : castration ou médicaments antitestostérone chez le mâle, stérilisation ou traitement anticonceptionnel hormonal chez la chienne. Malgré la castration chirurgicale, 20 % des mâles continuent à marquer à l'urine ; il leur faut alors des médicaments antitestostérone complémentaires. Aucun traitement n'est efficace à 100 %.

Le repos et le sommeil de mon berger allemand

La biologie du sommeil

Le chien dort en moyenne de 8 à 10 heures par jour. La durée du sommeil est proportionnelle à l'énergie dépensée pour la recherche de nourriture ; les chasseurs dépensent beaucoup d'énergie pour capturer une proie ; ils dorment donc beaucoup. Le chien de famille ne chasse plus ou seulement rarement ; pourtant, il peut dormir beaucoup, mais ce phénomène est davantage lié au manque d'activité (à l'ennui) qu'au besoin de récupération.

Le cycle veille-sommeil présente plusieurs phases : la veille, l'endormissement, le sommeil léger, le sommeil profond et le sommeil paradoxal, période pendant laquelle le chien rêve.

Un cycle de sommeil dure environ 45 minutes ; il est composé de plusieurs phases : un épisode de sommeil profond et deux épisodes de sommeil paradoxal. Deux cycles peuvent s'enchaîner pendant 80 minutes en moyenne. Entre ces cycles, le chien est dans une phase de sommeil léger ou éveillé pendant environ 40 minutes. Certains chiens en profitent pour se déplacer à ce moment. Ces phases se succèdent pendant les 8 à 16 heures de la période de repos du chien.

La période de sommeil dont le chien a besoin quotidiennement représente 35 % du temps, soit un peu plus de 8 heures par jour. Le temps d'éveil minimal est de près de 10 heures. Le reste du temps, soit 6 heures, le chien s'ennuie, somnole ou s'active s'il en a l'occasion.

Le chien dort de préférence entre 21 heures et 4 heures du matin, avec des extrêmes de 13 heures à 5 heures. Cependant, chaque chien, comme chaque humain, a son rythme propre : certains sont des lève-tôt, d'autres sont des lève-tard.

Les troubles du sommeil

La durée du sommeil est réduite chez le chien qui souffre :

- d'hyperactivité : les propriétaires observent rarement chez lui une phase de sommeil paradoxal (rêve), parce que le chien, hypervigilant, est rarement dans une phase de sommeil profond en leur présence, il ne peut donc pas rêver ;
- d'anxiété et de dépression chronique : le chien souffre d'insomnie nocturne.

La durée du sommeil est augmentée chez le chien qui souffre :

- de dépression aiguë : le chien est dans un état d'indifférence émotionnelle ;
- de narcolepsie : le chien s'endort au beau milieu de différentes activités.

Le cycle jour-nuit peut être perturbé et même inversé, le chien dort le jour et est actif la nuit, chez les chiens qui souffrent de dépression ou de démence sénile.

La vie sociale du berger allemand

La socialité est la capacité de communiquer dans un groupe, pour gérer le partage des ressources et de l'espace, pour prendre sa place, satisfaire ses besoins et ses désirs, et se situer par rapport aux autres. La socialité est la gestion du plaisir et du contentement, mais aussi des conflits, des problèmes et du ressentiment. Vivre en groupe nécessite que le chien soit capable d'attachement, d'organisation et ait la capacité de résoudre les conflits.

La base de la socialité est héréditaire. Par contre, la socialisation et la sociabilité – c'est-à-dire comment et avec qui le chien communiquera socialement – s'acquièrent, notamment pendant certaines phases déterminantes du développement.

On dit du chien qu'il est le meilleur ami de l'homme, et l'homme le considère souvent comme un enfant ; en réalité, il se situe entre l'enfant et le frère, entre l'attachement et le détachement, entre la dépendance et la réalisation de soi, entre l'amitié et l'inimitié.

L'attachement obligatoire

Chez le chien, tout comme chez l'homme, le besoin d'attachement est primordial : c'est une question de survie. L'attachement est une dépendance à un sentiment d'apaisement procuré par un élément extérieur à soi-même : un être, un objet ou un environnement. Cette dépendance entraîne une recherche de cet élément sécurisant et une sensation de manque allant jusqu'à la détresse en son absence ou lors de son éloignement.

Le chiot est attaché à sa mère, la mère à ses chiots, le chien à son propriétaire et le propriétaire à son chien.

L'attachement est un instinct, un phénomène biologique qui s'exprime dans la population canine par une courbe de Gauss : certains chiens s'attachent peu et d'autres s'attachent trop, au point d'être dépendants. Au cours des siècles, l'homme a modifié génétiquement le chien familier pour en faire un être de plus en plus dépendant, au point que de nombreux chiens sont malades de trop d'attachement.

L'apparition de l'attachement

Dès la naissance, il y a un attachement mutuel entre la mère et ses chiots. Le chiot se construit psychologiquement et explore le monde autour de sa mère, son unique centre de référence et de sécurité.

Quand les chiots ont de 3 à 4 semaines et que la tétée devient douloureuse pour la mère à cause de l'éruption des dents de lait, la mère commence à s'éloigner de ses chiots, et ceux-ci sont poussés à s'attacher aux autres membres de leur fratrie. L'attachement devient multiple.

De la 7e semaine jusqu'à l'âge de 3 mois, au moment de l'adoption du chiot par l'homme, le petit chien transfère son attachement filial et fraternel à l'humain, cette nouvelle référence maternante et sécurisante.

De l'âge de 3 mois à la puberté, le chiot acquiert de plus en plus d'autonomie, suivant son tempérament. À la puberté, le jeune chien qui manque d'autonomie est repoussé – détaché – par les chiens adultes, afin de le forcer à transférer l'attachement filial au groupe et à l'environnement où il vit. L'attachement est diversifié et est associé à des individus et à des espaces de référence apaisants.

Toute cette évolution qui va de l'attachement unique à l'attachement multiple est façonnée par la génétique, par la personnalité plus ou moins dépendante du chiot et de sa mère, par les humains adoptants, par le nombre de chiots dans la portée, par la sensibilité personnelle au stress qu'implique le changement de milieu familial et le deuil de la relation à la mère et à la fratrie

– quand le chiot quitte sa mère pour vivre avec des humains –, ainsi que par l'apprentissage des attachements multiples.

Les troubles de l'attachement

L'hyperattachement

Quand le chien a un tempérament dépendant et qu'il vit un attachement unique, il est sujet au stress de l'éloignement et de la séparation d'avec son propriétaire ou de toute autre figure d'attachement. C'est l'anxiété de séparation. Le chien manifeste alors de la peur et du stress en l'absence de la figure d'attachement, et des signes d'hyperattachement en sa présence. La thérapie consiste à réduire le stress et à faciliter l'attachement multiple en associant par exemple le lieu de vie à des activités solitaires motivantes et agréables.

Les troubles du détachement

Toute rupture brutale du lien d'attachement – et c'est pire en cas d'hyperattachement – entraîne une grande détresse chez le chien, qui l'exprime d'abord par une réaction de panique, puis par un état d'abattement que l'on appelle « sidération ». La rupture peut être liée au décès de l'être d'attachement ou à son éloignement temporaire.

Si l'éloignement est de longue durée, les signes de sidération sont typiques d'un état dépressif aigu : perte d'appétit, absence de soif, inactivité et insomnie. Chez le chiot, cet état peut conduire à la mort. Il s'agit d'une urgence. Heureusement, le traitement médicamenteux est rapidement efficace.

La socialisation

La socialisation est l'acquisition de la compétence sociale, de la communication et des règles de la vie en groupe. La sociabilité est l'aptitude à vivre en groupe.

La socialisation primaire et secondaire

La socialisation s'acquiert en plusieurs phases. La première phase s'appelle la « socialisation primaire » et se déroule pendant la petite enfance, alors que le cerveau est en plein développement, en moyenne de l'âge de 3 semaines à 3 mois. Cette période va déterminer avec qui – quel type d'être vivant – le chiot aura des relations sociales : des chiens, des humains et d'autres animaux. Cet apprentissage se fait très facilement par des contacts répétés et agréables (et des jeux) avec des êtres vivants proches de son espèce. La socialisation se fait plus facilement avec des chiens qu'avec des humains, et plus facilement avec des humains qu'avec des oiseaux.

Le processus biologique qui sous-tend cette socialisation est l'acquisition de concepts inscrits dans des groupes de cellules nerveuses appelées « cartes neuronales ». Pour le chiot, les concepts d'homme, de femme et d'enfant sont différents ; dès lors, pour qu'un chiot se socialise correctement à l'espèce humaine entière, il devrait rencontrer, durant sa période de socialisation, tous les types humains possibles, de tous les âges, allant du nouveau-né au vieillard, de toutes les tailles, de toutes les couleurs de peau et de cheveux, de tous les types d'habillements (chapeaux, casquettes, uniformes et autres). Il devrait se familiariser avec tous les moyens de transport, entre autres le vélo, la planche à roulettes, les patins à roulettes et le fauteuil roulant, et tous les environnements dans lesquels les gens évoluent. Il y a fort à faire pour socialiser correctement un chiot et il est impossible de lui faire rencontrer de façon répétée tous les types humains possibles et imaginables ; on se contente alors d'au moins sept types humains différents et on espère que son intelligence lui permettra de généraliser au reste de l'humanité.

Si la socialisation n'est pas achevée pendant cette courte période de l'enfance, le chien peut tout de même acquérir des concepts sociaux plus tard dans sa vie, mais avec beaucoup plus de difficulté et sans la capacité de généraliser. Par exemple, on pourra très bien apprendre à un chien mal socialisé durant l'enfance à vivre dans une famille et à en accepter la plupart de ses membres, humains et animaux, mais sans garantie, et avec le risque qu'il ait des réactions de peur ou de prédation sur les figures pour lesquelles la socialisation est déficiente.

La biologie de la socialisation primaire

La socialisation, comme la capacité d'utiliser ses sens, n'est pas innée chez le chien. Elle n'est pas présente à la naissance ; elle s'acquiert au cours du développement à la suite d'un apprentissage et elle s'inscrit littéralement dans une région du cerveau.

Si on garde des chiots dans l'obscurité jusqu'à l'âge de 3 mois, ils deviennent quasi aveugles ; ils perçoivent la lumière et les images, mais ils sont incapables de les décoder, de les interpréter et de les utiliser pour gérer leurs comportements. De plus, la partie du cerveau réservée au décodage des images est atrophiée parce qu'elle ne s'est pas développée correctement. Et le chiot est handicapé pour le reste de sa vie.

Il en est de même pour l'acquisition des concepts sociaux : soit qu'ils s'inscrivent dans le cerveau, soit que cette partie du cerveau s'atrophie et le concept est presque impossible à acquérir par la suite. Et comment le chiot pourrait-il bien s'adapter à l'univers complexe des humains si de nombreuses parties sont atrophiées dans son cerveau ?

C'est pourquoi la socialisation primaire est un processus fondamental qu'il faut bien comprendre et qu'il faut inculquer au chiot.

La période de socialisation primaire

La période de socialisation primaire commence au moment où les yeux et les oreilles s'ouvrent, vers l'âge de 2 à 3 semaines, et se termine vers l'âge de 3 mois. Cette limite d'âge est une moyenne, puisque, comme toute caractéristique biologique, elle varie entre des extrêmes qui vont de 5 à 7 semaines jusqu'à passé 4 mois. C'est dire que certains chiots de certaines lignées et de certaines races ont la chance incroyable d'avoir tout le temps de se socialiser, alors que d'autres chiots de lignées et de races plus rustiques, plus proches du loup ou des canidés sauvages, verront leur socialisation se terminer très tôt, voire trop tôt pour s'adapter correctement à notre civilisation humaine complexe et bruyante.

La période de socialisation primaire est un critère biologique héritable que les éleveurs peuvent sélectionner et reproduire lors de leurs croisements. Un chien de famille idéal devrait bénéficier d'une longue période de socialisation afin d'en éviter les troubles, qui peuvent être à l'origine d'accidents impliquant des humains avec qui le chien vit, et plus particulièrement des enfants.

La socialisation primaire compense les déficits génétiques

La socialisation primaire enrichie améliore réellement le fonctionnement du cerveau du chiot et sa capacité à conceptualiser, à généraliser et à répondre de façon adéquate à un environnement complexe. Et cet effet est d'autant plus important pour le bébé chien qui, génétiquement, a des déficiences sociales. Un chiot qui est génétiquement social a moins besoin de s'enrichir pendant cette période qu'un chiot génétiquement déficient. Dès lors, si vous voulez avoir un bon chien de famille et que vous ne connaissez pas la génétique de votre chiot, il est préférable d'enrichir le plus possible sa socialisation primaire.

La socialisation aux chiens, aux humains et aux autres êtres vivants

À vivre avec des chiens – sa mère, ses frères et sœurs, son père aussi – pendant la phase de socialisation primaire, le chiot apprend qu'il est un chien. Il s'identifie aux chiens. Cette capacité de penser « je suis un chien » va lui permettre d'avoir des relations sociales harmonieuses avec les autres chiens, de se reproduire avec eux et de reconnaître que sa progéniture est de la même espèce que lui. Sans cette identification à son espèce, le chien pourrait très bien chasser et manger ses congénères et ses chiots. Et le miracle est que le chien peut presque généraliser à tous les types de chiens, à toutes les races de chiens, le concept « espèce chien ».

À vivre avec différents types de personnes, le chien apprend que l'humain est un être fréquentable, voire un ami ou un frère, et qu'il peut vivre en bonne entente avec lui, et communiquer, partager de l'information, du temps et de l'affection.

À vivre avec d'autres espèces animales comme les chats, les moutons, les chevaux, les cochons, les lapins, mais aussi les oiseaux de la basse-cour et de nombreuses autres espèces, le chien apprend que ce sont tous des copains potentiels, ce qui réduit le risque qu'il les pourchasse, les tue et les mange.

C'est ainsi qu'on socialise les chiens de défense aux moutons qu'ils doivent défendre contre les loups.

Les troubles de l'identification à l'espèce et de la socialisation

Si le processus de socialisation ne s'est pas fait adéquatement dans son jeune âge, le chien, une fois adulte, peut présenter des troubles de comportement : peur, agression de distancement ou prédation des chiens, des enfants, des personnes inconnues, des chats, par exemple, refus de saillir et agression contre ses propres chiots.

L'habituation à l'environnement

En même temps que l'acquisition de la socialisation et de l'identification, le chiot acquiert des référentiels dans son environnement ; il se crée une base de données de ce qu'est un environnement adéquat et un environnement inconnu, donc potentiellement stressant. C'est le même processus d'acquisition de concepts – qui s'inscrivent sur des cartes neuronales dans le cerveau – qui est à l'œuvre : le chiot apprend les références des environnements normaux et apaisants.

La pièce d'éveil psychomoteur du chiot

La pièce d'éveil est un environnement qui permet au chiot d'expérimenter en toute sécurité des stimulations sensorielles variées comme les bruits, les textures, les images et les odeurs, et de faire des exercices psychomoteurs et des rencontres sociales ludiques. C'est une pièce qui permet l'éveil sensoriel et psychomoteur.

La pièce d'éveil la plus simple est la cuisine. L'éleveur peut concevoir une nurserie avec :

- des revêtements de sols et des textures, comme du carrelage, un plancher, un paillasson ou du linoléum ;
- des bruits : radio, enregistrements, CD de bruits de campagne, de ville, de tonnerre, d'explosions, de sonneries, de souffleries ou de tambourins, par exemple ;
- des choses à voir : objets de couleur, peluches, balles, miroirs et télévision ;

- des odeurs et des saveurs : parfums, odeurs humaines (vêtements) et animales (plaids) variées ;
- des objets et des sujets qui bougent : enfants, adultes, chats, oiseaux de volière et autres.

Les premières sorties du chiot

Pour répondre aux besoins de socialisation et d'acquisition de référentiels environnementaux, les chiots devraient faire des sorties – à la campagne, à la ville, dans les marchés, dans les transports en commun, en fait dans les endroits où ils vivront une fois adultes – dès l'âge de 5 semaines, au moins deux fois par semaine.

C'est ici que se pose la question à savoir si les sorties précoces peuvent nuire à la santé du chiot. Mais comme celui-ci reçoit des anticorps de sa mère, qu'il est vacciné vers l'âge de 6 à 8 semaines et encore à l'âge de 3 mois, il est suffisamment immunisé pour se défendre contre les infections virales. On peut donc le sortir sans danger et lui permettre de s'enrichir d'expériences diversifiées afin qu'il puisse vivre pleinement et en totale adaptation sa vie de chien dans notre civilisation d'humains.

Les troubles de l'habituation précoce

Si le chiot n'a pas été exposé à un environnement enrichi, il aura plus de mal à gérer un environnement multisensoriel riche. C'est le « syndrome de privation » du chiot qui a peur de sortir en ville parce qu'il n'a jamais connu que la campagne, ou dont l'acquéreur a préféré le garder dans la sécurité de son appartement jusqu'à l'âge de 3 à 4 mois.

Ce chiot peut apprendre à établir un système de référence et à s'habituer à son environnement, mais cet apprentissage prendra des mois, alors qu'il aurait pu être réalisé en quelques jours pendant la période de socialisation primaire.

La communication sociale

Mon berger allemand ne peut pas ne pas communiquer

Le chien est un être à attachement obligatoire. Il est grégaire, c'est-à-dire qu'il recherche la présence de ses congénères ou des êtres auxquels il est socialisé, avec lesquels il est obligé de communiquer, qu'il le veuille ou non.

La communication entre chiens et humains joue un rôle fondamental dans l'harmonie de leur système social commun. L'homme interprète comme il le peut les comportements et les signaux émis par le chien et le chien décode avec son bagage intellectuel plus sommaire les multiples messages, souvent paradoxaux, de ces humains qui parlent une langue étrange et incompréhensible. Et pourtant, malgré cette barrière de la langue, les chiens et les humains s'entendent assez bien.

Les systèmes de communication

Le signal de communication est perçu par les sens et chacun a ses particularités. Il y a la communication chimique – odeur, phéromones –, qui se fait à courte distance et qui est de longue durée ; la communication auditive, qui se fait à moyenne distance et qui est de courte durée ; la communication visuelle, qui se fait à courte et moyenne distances et qui est de courte à moyenne durée ; et la communication tactile, qui se fait à très courte distance et qui est de courte durée.

La communication chimique

Le chien émet des phéromones d'alarme quand il est stressé ou apeuré, par la transpiration des coussinets ou la vidange de ses sacs anaux.

Le chien et la chienne émettent par marquage urinaire des phéromones sexuelles, signalant leur état de réceptivité, leur désir. De plus, ces phéromones ont un effet inconscient et involontaire d'activation de la motivation sexuelle sur le chien récepteur.

Dans la communication sociale, les chiens se reniflent le périnée et les oreilles, probablement pour détecter des phéromones sociales.

La communication auditive

Le chien est beaucoup plus vocal que son ancêtre et ses cousins les loups. On reconnaît des vocalises très diversifiées :

- vocalises du nouveau-né : gémissements de détresse et jappements d'excitation ;
- vocalises de l'adulte, qui sont toutes liées à un état d'excitation :
  - aboiements : jeux, accueil social, appels de détresse, agressions ; tonalité plus aiguë lorsque le chien a peur et plus grave lors de l'agression ;
  - grondements, grommellements, grognements : plus souvent associés à l'agression ;
  - hurlements : défense territoriale, détresse (solitude), excitation de la chasse (rabattage du gibier), anticipation de douleur, imitation (sirène ou harmonica) ;
  - cris aigus : douleur et anticipation de douleur, surprise ;
  - gémissements (geignements) : recherche d'attention, peur, frustration ; ce comportement est plus fréquent chez le mâle que chez la femelle ;
  - jappements : jeux.

Ces différentes vocalises sont associées à des états émotionnels, mais elles n'ont pas une signification précise. Chaque propriétaire peut comprendre un vocabulaire minimal des vocalises de son chien, mais les mêmes vocalises chez un autre chien peuvent avoir un sens différent, ritualisé par son propriétaire.

L'homme, par contre, privilégie un langage vocal dont le chien ne comprend pas grand-chose. Le chien peut extraire des sons ou des phonèmes et les associer à des concepts, à des contextes et à des objets ; il peut comprendre de cette façon en moyenne 150 codes. Le record est de plus de 1000 codes.

La communication visuelle

La communication visuelle est faite de mouvements, de signes, de postures et de comportements complexes.

La posture du corps peut être dressée (haute), signe de confiance en soi (assertivité), ou affaissée (basse), signe d'insécurité. La posture est avant tout une expression émotionnelle involontaire, qui peut devenir secondairement une communication intentionnelle vraie ou mensongère : la posture haute veut faire croire que le chien est assertif, sûr de lui ; la posture basse veut faire croire que le chien n'est pas sûr de lui. Dans l'ambivalence, le chien adopte un mélange de posture haute et de posture basse, par exemple la tête est haute, mais l'arrière-train est bas.

Le positionnement des oreilles et de la queue va confirmer ou retoucher la posture générale. Par exemple, une posture haute avec les oreilles et la queue basses signifie : « Je suis assez sûr de moi, mais un peu craintif tout de même. » L'agitation de la queue est un signe d'excitation, que l'on retrouve dans le jeu et l'agression.

Les mimiques faciales vont aussi compléter le tableau général des postures :

- face lisse, dents cachées : se montrer inoffensif, apaiser autrui ;
- retroussement des babines en montrant les dents, la mâchoire fermée : sourire ou menace d'agression ;
- retroussement des babines en montrant les dents, la gueule ouverte : intention de mordre.

Certaines postures et certains comportements ont une signification claire :

- abaissement de l'avant du corps, le derrière relevé, avec sautillements : posture d'appel au jeu ;
- détournement du regard et de la tête : demande d'arrêt de la communication, désir de ne pas entrer dans un conflit ;
- marquage urinaire en présence d'un congénère perçu comme un concurrent : stade de la diplomatie, avant d'entrer dans un conflit agressif ;
- raidissement des attitudes, hérissement du poil, grognements : escalade agressive ;
- appui de la tête ou d'un membre antérieur sur l'encolure du congénère ou tentative de chevauchement sans érection : montre qu'on a plus de courage, de prétention ou de machisme que l'autre ;
- attaque et morsure contrôlée au cou ou ailleurs, là où c'est possible, avec tentative de faire basculer et tomber l'adversaire : prétention d'assertivité, agression compétitive contrôlée, jeu de combat entre adversaires connus ;

- étendu sur le ventre, sur le côté ou sur le dos, les jambes entrouvertes, la face lisse : demande d'arrêt de l'attaque ;
- posture haute au-dessus du congénère qui, lui, est en position basse ou couchée : demande d'immobilisation ; cette demande peut durer plusieurs minutes ;
- chevauchement, avec érection : désir sexuel.

La communication tactile

On retrouve des contacts corporels dans un grand nombre de communications :

- entre la mère et le nouveau-né :
  - mère : léchage du périnée pour activer l'élimination, léchage du corps ;
  - chiot : pétrissage des mamelles lors de la tétée, recherche du contact pour dormir, léchage des lèvres.

- entre chiens adultes :
  - léchage des lèvres, des oreilles : contact social ;
  - léchage des parties génitales et frottements corporels : flirt et copulation ;
  - coucher en contact : sociabilité, attachement.

- entre chiens et humains :
  - léchage des lèvres, des oreilles, des mains et des pieds : contact social ;
  - contact, voire léchage, des parties sexuelles : identification sexuelle, flirt.

- entre humains et chiens :
  - caresses, enlacement : sociabilité, attachement, amitié, amour ; avec parfois risque de harcèlement du chien qui se sent agressé parce qu'il est insuffisamment tolérant au contact physique.

Les rituels

Les rituels sont des comportements complexes déviés de leur fonction première pour devenir des moyens de communication sociale.

Le léchage et le mordillement des babines sont des demandes que le chiot fait à sa mère pour obtenir de la nourriture régurgitée ; chez l'adulte, cela devient un rituel d'apaisement ; il correspond au baiser humain.

Le basculement sur le flanc ou sur le dos les pattes écartées est une demande de léchage du périnée par le chiot à sa mère ; chez l'adulte, c'est un signe qu'il est inoffensif ; c'est un rituel de demande d'arrêt d'une agression, pendant une attaque.

Les troubles de la communication

Certains chiens n'ont pas appris toutes les techniques de communication volontaires. C'est le cas du trouble appelé « dyssocialisation », dans lequel le chien est incapable de décoder les postures hautes et basses, le détournement du regard et la posture basse immobile, ce qui le rend incapable d'arrêter un conflit et conduit à des morsures sévères durant les agressions.

Les chiens qui changent de groupe social, lors d'une adoption à l'âge adulte, doivent réapprendre les codes de la communication fine (les rituels) avec les nouveaux propriétaires ; les perturbations de la compréhension mutuelle entraînent une période d'anxiété qui dure 6 semaines en moyenne, allant de 3 semaines à 3 mois.

Les chiens ont bien du mal à comprendre certaines communications humaines chargées d'émotion et d'irritation. Une demande d'obéissance ou de rappel empreinte de colère envoie au chien deux messages contraires ; dans ce cas, le chien va répondre au message émotionnel et garder ses distances, ce qui va encore renforcer l'irritation de la personne vers une escalade de l'agressivité.

Les gens ont de la difficulté à comprendre certaines attitudes du chien. Quand le chien vient au contact, qu'il se couche aux pieds ou sur les genoux d'une personne, celle-ci croit que le chien demande des caresses, alors qu'il recherche seulement un contact passif ou une présence ; si le chien se raidit pour demander un arrêt du contact, c'est généralement peu perceptible et la personne continue de caresser le chien et risque de se faire mordre par l'animal qui peut considérer qu'il est harcelé ou agressé.

La psychologie du berger allemand

La psychologie décrit l'individualité – l'âme – du chien, ses émotions, ses humeurs, son intelligence et sa personnalité.

Les émotions de mon berger allemand

Les émotions de base

L'émotion est une excitation cérébrale de courte durée qui s'accompagne de réactions physiologiques involontaires, inconscientes et incontrôlables, et qui pousse l'individu à l'action.

Il y a trois groupes d'émotions fondamentales :

- la joie, l'irritation, la colère ; et aussi l'extériorisation, le besoin d'agir, le courage, la fureur, la rage et l'euphorie ;
- l'inquiétude, la peur ; et aussi l'alarme, l'appréhension, la panique, la terreur, la détresse, le repli sur soi, le besoin de sécurisation, l'attachement, les soucis ;
- la tristesse, le dégoût, la honte ; et aussi le chagrin, l'accablement, la soumission, la sensation d'isolement, de solitude, d'échec.

Les émotions complexes sont un amalgame de ces émotions de base.

Les troubles émotionnels

À chaque groupe d'émotions de base correspondent des types de troubles émotionnels, c'est-à-dire des émotions très fortes que l'individu ne parvient plus à contrôler et qui perturbent sa vie et celle de son entourage :

- joie et colère : crises d'excitation, crises de colère ;
- peur : phobies et crises de panique ;
- tristesse : accès de tristesse.

Les troubles émotionnels se traitent de différentes façons :

- en réduisant la réaction émotionnelle à l'aide de médicaments ;
- en désensibilisant l'animal par l'exposition progressive aux situations qui déclenchent les réactions émotionnelles fortes ;
- en changeant les réactions aux contextes déclencheurs (contre-conditionnement).

De nombreux chiens ont peur des bruits d'explosion : coups de feu, feux d'artifice. On désensibilise le chien en l'exposant à un bruitage de coups de feu à l'aide d'un CD de bruitage qu'on lui fait écouter à bas volume pendant une longue période de temps ; quand le chien n'a plus de réaction de peur, on augmente progressivement le volume jusqu'à atteindre un volume normal. Ensuite, lorsque c'est possible, on expose le chien à une situation réelle, mais à distance, puis on rapproche de plus en plus le chien de la source du bruit. On ne passe à l'étape suivante que lorsque le chien a maîtrisé l'étape précédente, sinon on risque d'augmenter sa peur, de le sensibiliser davantage.

Pour la peur de l'orage, on peut également lui faire écouter un CD de bruitage de tonnerre, ajouter des flashs photographiques, mais on ne pourra pas désensibiliser le chien à certaines composantes de l'orage, comme l'ionisation de l'air et la pression barométrique. Néanmoins, on peut réduire l'intensité de sa réaction émotionnelle.

Dans tous les cas de peur ou de colère, il est bon d'associer le contexte qui déclenche l'émotion, que ce soit un coup de feu, un orage ou l'arrivée d'un visiteur, à des activités joyeuses, comme des jeux, de l'obéissance amusante et des activités masticatoires apaisantes, comme lui offrir un os.

L'humeur

L'humeur est une émotion de fond, un état d'âme qui s'étend sur une période relativement longue. C'est l'atmosphère émotionnelle de base et ses fluctuations. L'humeur influence les émotions et les capacités d'apprentissage, et la façon dont l'individu perçoit le monde. Et l'humeur est elle-même sous l'influence de l'organisme, des hormones, de l'immunité et du système nerveux.

Il y a trois humeurs de base et trois troubles de l'humeur associés :

- joie et colère : humeur joyeuse ou irritable ; trouble « hyper » comme l'hyperactivité et de nombreuses formes d'agressivité ;
- peur : humeur craintive ; troubles anxieux : anxiété ;
- tristesse : humeur soumise ; troubles dépressifs : dépression.

Les troubles de l'humeur peuvent être de courte ou de moyenne durée, par exemple un épisode anxieux ou dépressif, ou durer presque toute la vie (un trait de caractère), par exemple l'hyperactivité, l'anxiété généralisée ou la dépression chronique. Ces troubles ont une composante génétique non négligeable.

Le traitement des troubles de l'humeur passe essentiellement par la médication à long terme.

Les types de personnalités

La personnalité est l'ensemble des caractéristiques psychologiques (humeurs, émotions, intelligence) et des dispositions affectives et sociales qui restent stables tout au long de la vie. La personnalité s'affirme aux environs de la puberté, sous l'influence de gènes à expression tardive.

Les types de personnalités canines sont peu étudiés et mal décrits. On reconnaît cependant quelques troubles de la personnalité :

- la personnalité dyssociale : le chien manque de compétences sociales et ne connaît pas les codes de la communication entre chiens. Il est incapable de comprendre et d'utiliser les postures et les comportements adéquats pour stopper un conflit : posture haute, posture basse, immobilisation et détournement du regard ;

- la personnalité dysthymique : le chien présente une humeur dépressive et soumise, il manque d'initiative et montre peu de comportements de plaisir ;
- la personnalité impulsive-explosive : le chien a tendance à réagir de façon impulsive et non contrôlée, il peut mordre facilement et avec force ;
- la personnalité dépendante : le chien souffre d'hyperattachement permanent et de détresse durant les périodes de séparation ou de solitude.

Les perceptions sensorielles

La perception sensorielle est la réception d'informations sur le monde. Ces informations sont sélectionnées et décryptées pour que le chien puisse interagir avec ce monde.

L'odorat, le goût et la perception des phéromones

La perception de substances chimiques se fait par la muqueuse nasale pour l'olfaction, par la muqueuse buccale pour la gustation et par l'organe voméronasal pour la perception des phéromones.

Les substances chimiques restent identifiables dans l'environnement après quelques heures, quelques jours ou même quelques semaines pour qui peut les percevoir. Le chien a un sens du goût médiocre, mais un sens de l'odorat remarquable. Les chiens à nez court possèdent 100 millions de récepteurs olfactifs et ce nombre va jusqu'à 300 millions chez les chiens à nez long. Les humains n'en comptent que 5 millions. De plus, les lobes olfactifs dans le cerveau sont 40 fois plus développés chez le chien que chez l'homme, et ils sont plus efficaces. Le chien de famille a un odorat entre mille et un million de fois supérieur à celui de l'homme, les chiens de pistage, dont les bassets et le berger allemand, 10 millions de fois et le bloodhound, jusqu'à 100 millions de fois supérieur.

Depuis que l'homme s'est rendu compte de cette sensibilité olfactive, il utilise le chien pour détecter mille choses qu'il ne peut détecter lui-même, ni même avec des gadgets électroniques : explosifs, drogue, aliments frais, mais aussi des personnes disparues sous des décombres ou dans une avalanche, et même certaines maladies comme des cancers de la peau, ainsi que l'arrivée prochaine d'un orage, grâce à la libération d'ozone dans l'air.

Les phéromones sont perçues par un organe minuscule situé dans le palais osseux, l'organe voméronasal. Diverses phéromones jouent un rôle dans la communication sociale et sexuelle ; la perception est inconsciente pour les phéromones d'attachement et de dépendance, mais semi-consciente pour les phéromones sexuelles : le chien mâle salive et claque des dents en présence de l'odeur d'une chienne en chaleur.

Le toucher, la perception de la température et de la douleur

Le toucher donne des informations sur le monde environnant par contact de la peau et des muqueuses. Le corps du chien est pourvu de plusieurs récepteurs tactiles dans l'épiderme, principalement sur la truffe, la face, les coussinets plantaires, mais aussi dans la région du périnée. Le chien possède en plus des senseurs ultrasensibles sur la lèvre supérieure, les vibrisses, communément appelées « moustaches », au-dessus du coin interne des yeux, et entre le coin des lèvres et les oreilles. Il a aussi de nombreux poils plus longs et plus durs, rattachés à des senseurs tactiles, dans les oreilles et près des poignets. Ces senseurs sont sensibles à la moindre pression comme un courant d'air.

La perception de la température extérieure est précise à un demi-degré au niveau de la truffe, alors qu'elle l'est moins sur le reste du corps.

La perception de la douleur est une sensation tactile et thermique particulière qui permet d'éviter les blessures et les traumatismes. La sensation de douleur entraîne chez le chien des comportements d'évitement ou d'agression qui visent à préserver son bien-être et à éviter de ressentir de nouveau des sensations désagréables. Le chien qui ressent une douleur à répétition acquiert des conditionnements de fuite ou d'agression lorsqu'il se trouve dans des environnements où elle a été ressentie et en présence de la ou des personnes qui la lui ont infligée.

La perception de la douleur est un sens à forte héritabilité ; l'homme a pu sélectionner des chiens très peu sensibles à la douleur, pour en faire des chiens de combat. Il y a aussi des chiens très sensibles à la douleur et qui deviennent phobiques.

La vision

Les chiens voient en deux couleurs fondamentales, le bleu et le vert, comme un humain daltonien. Cela ne veut pas dire que le chien ne distingue pas les trois couleurs primaires, le rouge, le bleu et le jaune ; en fait il les distingue, mais il ne les voit pas de la même façon que nous. Le monde coloré du chien est constitué de jaunes, de bleus et de gris ; ce que nous percevons comme rouge apparaît jaune au chien, et le vert paraît blanc-gris. Un arc-en-ciel rouge-orange-jaune-vert-bleu-violet apparaît au chien jaune-jaune-jaune-blanc-gris-bleu-violet.

L'acuité visuelle du chien est moins grande que celle de l'humain. Il perçoit moins les détails : il possède les deux dixièmes de notre acuité visuelle et il a tendance à être myope ; il semble voir avec précision à 20 mètres de la même façon que nous voyons à 100 mètres.

Le chien est toutefois bien plus sensible au mouvement que nous et voit mieux sous un éclairage plus sombre : le chien a plus de bâtonnets sensibles à la luminosité au centre de la rétine, alors que nous avons des cônes sensibles à la couleur, et il a un « tapis lumineux » qui reflète la lumière, ce que nous n'avons pas.

Le champ visuel du chien, qui est presque de 270° pour les chiens à tête longue, est bien plus étendu que le nôtre, qui est de 180°, mais son champ binoculaire – et donc sa vision en relief – est réduit à 100°, alors que le nôtre est de 140°.

Les troubles de la vision

Le chien peut perdre la vue pour des raisons aussi variées qu'un rideau de poils devant les yeux, des paupières trop épaisses, la cataracte, la dégénérescence de la rétine et des problèmes neurologiques. Dans un environnement stable, il s'adapte bien à la cécité.

L'audition

Le chien entend de 40 Hz à 60 kHz, c'est-à-dire une octave de plus que nous dans les ultrasons. Les nombreux muscles qui lui permettent de bouger les oreilles font qu'il situe les sons bien mieux que nous et à une distance quatre fois supérieure à la nôtre.

Le chien peut être sensible aux bruits d'origine humaine. Ainsi, les sons de l'harmonica peuvent le faire hurler, les bruits urbains et les bruits d'explosion peuvent provoquer des phobies, qui ont une base génétique sans doute liée à la sensibilité acoustique.

Les troubles de l'audition

La surdité congénitale ou juvénile est fréquente. Elle est héréditaire. Une centaine de races y sont prédisposées. Par exemple, l'incidence monte à près de 30 % chez le dalmatien, à 20 % chez le bull terrier blanc, à 15 % chez le berger australien, à 13 % chez le jack russell, à 12 % chez le setter et à 6 % chez le cocker spaniel anglais.

Le chien familier s'adapte assez bien à la surdité. Les chiens sourds n'ont bien entendu pas peur des bruits et sont à risque d'être victimes d'une série d'accident, surtout avec des choses qui se déplacent, par exemple des vélos, des motos et des voitures.

Le chien sourd représente généralement un défi pour son éducateur qui, *a priori,* juge l'animal têtu et distrait. L'éducation par signes est très efficace. Il suffit d'utiliser le conditionnement classique et opérant des comportements spontanés, d'associer ceux-ci avec un geste ritualisé et de récompenser l'animal. Il est plus simple d'utiliser une seule main pour donner des ordres au chien que d'utiliser les deux mains comme dans la langue des signes utilisée par les sourds.

Pour éduquer le chien sourd, comme tout autre chien, il faut capter son attention. Dans le cas présent, l'attention visuelle est indispensable afin de pouvoir donner des ordres visuels avec des signes. On peut se procurer un collier vibrant télécommandé pour attirer l'attention du chien.

La cognition, l'intelligence

La cognition est l'ensemble des processus cérébraux par lesquels un organisme acquiert de l'information sur son environnement. Elle comprend, entre autres, la pensée et l'intelligence. La pensée est une manipulation de catégorisations et de concepts. L'intelligence est une collection de capacités cognitives non instinctives qui permettent la résolution de problèmes et l'adaptation à des situations changeantes ou nouvelles, particulièrement des situations complexes.

Les particularités de la cognition du chien

Le chien est capable de classer mentalement les objets dans des catégories : chien-différent de chien, homme-femme-enfant, petit-grand, connu-inconnu, ami-ennemi, comestible-non comestible, agréable-désagréable, proie-non-proie. Cette conceptualisation n'est pas infaillible, puisqu'un chien de grande taille peu confondre un petit chien avec une proie. De plus, pour le chien, l'humain n'est pas un concept unique, mais il divise les humains en dizaines de concepts suivant leur type morphologique : homme, femme, enfant, nourrisson, personne à la peau noire ou blanche, personne en uniforme, par exemple.

Le chien peut également comparer ces catégories et mettre en place des opérateurs logiques simples, comme « plus grand que », « plus petit que », « plus rapide que », « plus fort que » ou « qui ressemble à ».

Le chien, comme l'humain, peut faire des corrélations, c'est-à-dire que, si deux événements se suivent dans le temps et l'espace, il y a présomption que l'un est la cause de l'autre, ce qui n'est pas toujours le cas. Cette cognition est une croyance.

Le chien garde en mémoire la trace des objets connus qui ont disparu de son champ de perception. C'est ce qu'on appelle la « permanence de l'objet ».

Le chien a une représentation et une conscience de lui-même, notamment de ses états émotionnels, mais ne reconnaît pas son image dans le miroir.

Le chien a des croyances sur lui-même, sur les autres et peut manipuler intentionnellement la communication par l'utilisation de postures qui ne reflètent pas son état émotionnel.

Le chien n'a pas de sens moral, mais il est hédoniste, c'est-à-dire qu'il recherche le plaisir et fuit la souffrance. Il sait ce qui lui fait – ou pourrait lui faire – du bien ou le fait souffrir. Il sait également ce qui lui donne du plaisir et comment éviter le déplaisir.

Le chien n'éprouve pas de culpabilité, mais il peut anticiper une situation désagréable, une punition par un humain dans un contexte qui entraîne la colère de cet humain : souillures ou destruction. Le chien lit l'émotion de colère de la personne et craint une sanction. Il prend une posture basse et devient évitant.

La curiosité du chien est proportionnelle à sa confiance en lui et à sa capacité à s'affirmer. Le chien craintif se permettra d'explorer s'il est à proximité d'une figure d'attachement apaisante.

Le chien a une intelligence spatiale qui lui permet d'établir la cartographie des lieux connus.

Le chien a une intelligence mathématique élémentaire : il perçoit des différences dans le nombre des objets, sans pour autant être capable de calculer. Par exemple, une chienne s'aperçoit qu'il lui manque un chiot ou qu'on en a ajouté un.

Le chien a une certaine intelligence linguistique qui lui permet de comprendre des codes associés à des objets et de reconnaître des objets par leur code : il comprend en moyenne 150 mots-codes et le record dépasse les 1000 mots.

Le chien a une intelligence pratique. Il peut utiliser des objets élémentaires pour obtenir satisfaction de ses besoins et de ses désirs, comme ouvrir une porte en tournant la poignée, pousser une chaise près du comptoir de cuisine pour y monter et chaparder de la nourriture.

Le chien a de la mémoire à court terme et à long terme, particulièrement concernant les associations d'événements et la topographie de lieux. Il se souvient comment adopter un comportement en particulier. Il a une mémoire sémantique : il extrait du sens et de l'information des expériences vécues ou observées et il apprend. On ne sait pas s'il a une mémoire chronologique de sa propre histoire.

Les troubles cognitifs

Toutes les compétences cognitives du chien peuvent être altérées.

On observe surtout des pertes de mémoire relativement à la permanence de l'objet et des problèmes de gestion des émotions dans la démence sénile, très fréquente chez les chiens âgés.

On observe des comportements répétitifs chez les chiens souffrant de troubles obsessionnels compulsifs : chiens tourneurs, chasseurs de mouches imaginaires, de reflets ou d'ombres, chiens lécheurs (lèchent le sol, les objets ou se mutilent les pattes ou le flanc).

On observe des troubles de la représentation et de la conscience de soi chez quelques rares chiens schizophrènes.

Et on connaît aussi quelques chiens dont l'intelligence se situe en dessous de la moyenne, des chiens idiots (retard mental) qui éprouvent des difficultés d'apprentissage.

Le comportement sexuel et reproducteur du berger allemand

Les comportements sexuels regroupent l'ensemble des comportements érotiques de cour (parade ou flirt) et de copulation. Le comportement reproducteur est constitué des comportements parentaux, c'est-à-dire des soins à la descendance, de la naissance à la puberté. L'activité érotique est distincte de l'activité de reproduction ; la reproduction est un effet secondaire, involontaire, du comportement sexuel. Le chien n'a pas conscience du lien entre son comportement sexuel et la naissance des chiots ; la chienne subit la naissance et des mécanismes neurohormonaux se mettent en place pour qu'elle s'occupe des chiots.

Les comportements sexuels

La sexualité du chien est essentiellement biologique. Sa motivation est élevée, supérieure à celle des comportements sociaux et de jeu, mais moins puissante que les motivations de survie. En période d'activation sexuelle et en présence d'un partenaire sexuel, le chien n'est plus intéressé à jouer, à obéir, à interagir socialement avec d'autres chiens ou avec ses propriétaires.

Les comportements sexuels sont activés par un ensemble de processus neurohormonaux qui rendent le comportement automatique, quasi réflexe, compulsif et irrépressible. Mais ce sont aussi des activités volontaires qui sont généralement suivies de conséquences agréables (orgasme) qui auront pour effet de renforcer la motivation, la performance et la mémorisation du plaisir.

Les particularités du comportement sexuel

Les comportements sexuels dépendent des hormones sexuelles : ils sont cycliques et liés aux périodes de chaleurs chez la chienne, alors qu'ils sont permanents chez le mâle.

La reproduction du berger allemand est partiellement soumise aux rythmes saisonniers quand ceux-ci sont marqués ; il y a plus d'activité érotique au printemps et moins en hiver dans les endroits où il y a de fortes variations de luminosité entre l'été et l'hiver. Cependant, cette dépendance saisonnière est devenue très relative chez le berger allemand. La compétence sexuelle du mâle est indépendante des saisons ; par contre, son désir sexuel peut osciller et s'activer au printemps.

Les chiens sont polygames. Le chien mâle a tendance à s'accoupler avec plusieurs femelles. La chienne s'accouple avec plusieurs mâles et peut porter en même temps des chiots de plusieurs pères différents.

Dans la nature, chez les canidés sociaux hiérarchisés, comme le loup nordique, le mâle et la femelle tentent d'empêcher leurs compétiteurs d'accéder aux partenaires sexuellement actifs. Cette « jalousie » est involontaire, les chiens n'étant pas conscients que leur comportement sexuel leur permet de se reproduire, c'est-à-dire la réplication, la survie et la multiplication de leur patrimoine génétique. Les agressions entre chiens du même sexe, entre mâles mais aussi entre femelles en chaleur, existent chez le chien de famille, mais ne sont pas liées à la sélection génétique.

Le choix du partenaire dépend de critères personnels mystérieux ; la familiarité réduit la motivation sexuelle ; l'inconnu augmente la motivation si le chien n'est pas limité par la peur de celui-ci. Chez le canidé ancestral qui vivait en meute, cette particularité réduisait les accouplements consanguins ; chez le chien moderne, cette inhibition n'existe presque plus.

Le chien est non seulement polygame, mais il peut répondre sexuellement à plusieurs espèces auxquelles il a été imprégné. De plus, le chien mâle réagit sexuellement aux odeurs sexuelles de la femme. L'ensemble des comportements sexuels manifestés en présence d'une chienne en chaleur peuvent être exprimés en présence d'une femme, particulièrement au moment de l'ovulation ou des règles ; et les comportements de léchage peuvent être redirigés sur de la lingerie féminine.

Le cycle hormonal de la chienne

Le comportement sexuel de la chienne est directement lié à son cycle hormonal, qui est divisé en quatre phases. Les chaleurs ont lieu pendant les deux premières phases de ce cycle :

- pro-œstrus : il commence le premier jour des pertes sanguines associées aux chaleurs ; on observe un gonflement vulvaire, une augmentation de la motivation sexuelle, la production de phéromones d'attraction ; la chienne flirte, mais refuse le coït ;
- œstrus : il commence quand la chienne accepte d'être chevauchée par le mâle, environ 10 jours après le début des chaleurs, et dure une dizaine de jours ; la première ovulation se produit 2 ou 3 jours plus tard, et la période d'ovulation se poursuit pendant 1 semaine ;
- diœstrus : il commence lorsque la chienne recommence à refuser le coït. Elle n'attire plus le mâle et ne le recherche plus ; c'est la phase de gestation hormonale, caractérisée par la production de progestérone ; cette phase dure de 45 jours, si la chienne n'est pas fertilisée, à 63 jours, si elle est gestante. La fin de cette période est marquée par l'accouchement ou la pseudocyèse (pseudogestation) ;
- métœstrus : c'est la phase sans sécrétion d'hormones sexuelles entre deux cycles. Le métœstrus dure de 3 ½ à 10 mois par année, suivant le nombre de cycles hormonaux annuels.

La chienne présente un ou deux cycles par an, rarement trois. Les cycles doivent être réguliers, soit tous les 5, 6, 7 mois ou plus.

La cour et l'accouplement

Au début des chaleurs, la chienne attire le mâle, qui lui fait la cour ; la femelle refuse le chevauchement et la pénétration. Le mâle a tendance à se battre davantage avec les autres mâles pour la proximité de la femelle. La motivation sexuelle du mâle dépasse sa motivation alimentaire : il peut rester sans manger pendant plusieurs jours. Le mâle et la femelle marquent à l'urine, si nécessaire tous les mètres, et plusieurs fois au même endroit. Le mâle lèche l'urine des femelles en chaleur et claque des dents tout en salivant.

Du 10e au 20e jour des chaleurs, la chienne accepte le chevauchement et la pénétration. Durant le coït, le mâle chevauche la femelle, qui porte la queue sur le côté et creuse le dos afin de faciliter la pénétration. Lorsque le mâle réussit la pénétration, il arrondit le dos et fait des poussées ; le gland basal devient tumescent et bloque le pénis dans le vagin. L'éjaculation est rapide. Après l'éjaculation, le gland basal reste tumescent, empêchant la séparation des partenaires, de 5 à 30 minutes. Le chien mâle descend de la femelle et les partenaires se retrouvent dos à dos, attendant de pouvoir se séparer.

Après l'accouplement, les spermatozoïdes remontent les cornes utérines pour retrouver les ovules et les féconder. Les ovocytes qui en résultent ne s'accrochent à la muqueuse de l'utérus qu'après une vingtaine de jours. Il est donc possible, au cours des deux à trois premières semaines après l'accouplement, de pratiquer un avortement médical forcé.

Comme la ponte ovulaire s'étale sur plusieurs jours, plusieurs saillies répétées peuvent être fécondantes. Dès lors, les chiots d'une même portée peuvent être de géniteurs différents lorsque plusieurs mâles se sont accouplés successivement avec la même femelle.

La contraception et la stérilisation

La contraception est l'empêchement de la conception, soit avant le rapport sexuel, soit après, avec ou sans influence sur les comportements sexuels. La demande des propriétaires est souvent de réduire les comportements sexuels gênants.

Il y a différentes solutions :

- on enlève les testicules ou les ovaires chirurgicalement ;
- vasectomie : on sectionne les canaux déférents, ce qui rend le chien mâle stérile après 45 jours, sans toucher à ses comportements sexuels ;
- hystérectomie : on enlève chirurgicalement l'utérus, ce qui empêche la reproduction, mais ne change pas le comportement sexuel ;

- castration chimique du mâle : on diminue les comportements sexuels en réduisant le taux de testostérone par des médicaments en comprimés, en injection ou en implant ;
- contraception chimique de la chienne : on supprime les cycles sexuels et la sexualité en bloquant l'ovulation par des hormones synthétiques en comprimés, en injection ou en implant.

Les effets de la castration chez le mâle

Castrer un chien mâle entraîne des modifications de sa physiologie et de ses comportements.

Les effets physiologiques de la castration :

- prostate : réduction du risque d'hyperplasie, augmentation du risque de cancer ;
- ligaments croisés : augmentation du risque de rupture ;
- diabète sucré : augmentation du risque ;
- appétit : diminution de la perte d'appétit liée à la sécrétion d'hormones mâles.

Les modifications comportementales liées à la castration :

- réduction du marquage urinaire, du chevauchement et du vagabondage sexuel : 95 % dans 35 % des cas, 50 % dans 60 % des cas ;
- réduction de la masturbation, de la copulation, sauf chez les chiens expérimentés, et de l'éjaculation ;
- réduction de l'agression contre des chiens non familiers et de l'agression territoriale de 50 % dans moins de 35 % des cas ;
- autres types d'agressions : inchangées ;
- réduction du priapisme : érection intense et persistante ;
- augmentation du risque de harcèlement par des chiens non castrés : reniflement et léchage du périnée, chevauchement ;
- chiens de sport : réduction des comportements d'agression en groupe (chiens de traîneaux) et amélioration de la concentration et, par le fait même, des performances à cause de la diminution des distractions érotiques ;
- accélération de l'évolution d'une démence sénile préexistante.

Les effets de la stérilisation chez la femelle

La stérilisation par ablation des ovaires a des effets physiologiques et comportementaux.

Les effets physiologiques de l'ovariectomie :

- tumeur mammaire : diminution du risque ; risque résiduel de 0,5 % si la stérilisation est réalisée avant le premier œstrus, de 8 % après le premier œstrus ; ensuite, il n'y a statistiquement plus d'effet ;
- hypothyroïdie : augmentation du risque ;
- incontinence urinaire : de 9 % chez les chiennes de moins de 20 kg à 30 % chez les chiennes de plus de 20 kg ;
- maladies infectieuses : augmentation du risque ;
- diabète sucré : réduction du risque ;
- masse osseuse : réduction de la masse osseuse ;
- poil : tendance à avoir un poil plus fin et des nœuds peuvent se former plus facilement.

Les modifications comportementales liées à l'ovariectomie :

- agressions contre d'autres chiennes liées à la période des chaleurs fortement réduites ;
- changements d'humeur : hyperexcitation, anxiété, dépression. Ils sont réduits, particulièrement ceux qui sont caractéristiques de la période des chaleurs et de la pseudocyèse (pseudogestation) ;
- suppression des pseudocyèses.

Les troubles comportementaux liés à la sexualité

Les troubles hyposexuels (sexualité réduite) sont gênants pour les chiens d'élevage, alors que les troubles hypersexuels (sexualité compulsive) sont désagréables pour les chiens de famille.

- Troubles hyposexuels :
  - mâle : manque de motivation dans les comportements de cour, de chevauchement et de copulation ;
  - femelle : chaleurs frustes, refuse les avances du mâle.

- Troubles hypersexuels :
  - mâle : masturbation, chevauchement sur des personnes et d'autres espèces animales, marquage urinaire excessif, vagabondage sexuel, léchage des zones génitales, vol de lingerie intime, attaques contre les autres mâles ;
  - femelle : attaques violentes contre des femelles (chiennes, femmes) pendant les chaleurs.

Le comportement reproducteur

La gestation et la mise bas

La gestation dure 63 jours. Cette étape normale dans la vie d'une chienne ne nécessite pas de précautions particulières.

Les signes annonciateurs de la mise bas varient d'une chienne à l'autre. Déjà, dans la semaine précédant la mise bas, la femelle peut manifester de la nervosité, chercher à s'isoler ou fuir la compagnie, s'adonner à du grattage de coussins ; on notera également une perte d'appétit et un gonflement mammaire. Dans les 8 à 24 heures avant la mise bas, on peut noter une baisse de la température corporelle, l'apparition des contractions, le léchage du périnée, la recherche d'un nid qu'elle choisit selon son environnement : de la paille, le canapé du salon, un tiroir rempli de vêtements ou une caisse de mise bas. Dans les heures précédant l'accouchement, la chienne est plus nerveuse, halète, tremble, creuse, déchire et réorganise le nid.

La mise bas commence réellement par les poussées qui accompagnent les contractions et la perte de liquide amniotique (rupture de la poche des eaux). La température rectale remonte au-dessus de la normale. La chienne pousse – accroupie ou couchée – et expulse le chiot. Le premier chiot naît en moyenne dans les 4 heures suivant les premières contractions.

Après l'expulsion, la chienne pince et déchire la membrane amniotique, coupe le cordon ombilical et lèche le chiot, jusqu'à ce qu'il respire. Elle le pousse vers les mamelles, ou elle le laisse se débrouiller seul pendant qu'elle expulse le placenta. Elle ingère le placenta. Elle alterne ensuite entre les soins (léchages) au chiot nouveau-né et les poussées pour expulser le chiot suivant, qui vient idéalement au monde dans les 2 à 10 minutes suivantes. La tétée des premiers chiots facilite les contractions suivantes. Les chiots naissent dans un intervalle maximal de 24 heures. Ensuite, la chienne continue à avoir des pertes verdâtres pendant 3 semaines.

Le nombre de chiots dans une portée dépend de la génétique : lignée et race. Le record est de 24.

La pseudocyèse

Appelée aussi erronément « grossesse nerveuse », la pseudocyèse ou lactation de pseudogestation est une phase du comportement de maternage d'origine hormonale liée à la chute de la progestérone et à la montée de l'ocytocine et de la prolactine qui se produit de 45 à 90 jours après le début des chaleurs. La chienne a alors une montée de lait et materne des jouets. Elle peut même les défendre contre des intrus (agression maternelle).

Le comportement disparaît spontanément après quelques jours. Il s'atténue plus rapidement si on distrait la chienne de ses jouets et qu'on lui offre plus d'activité physique. Le lait peut être abondant dans les mamelles, exigeant un traitement médical, afin d'éviter l'engorgement et les abcès.

L'accompagnement médical de la mise bas

Le chien a été tellement modifié génétiquement par l'homme que certaines chiennes sont désormais incapables de mettre bas sans aide de l'éleveur, d'un accoucheur ou du vétérinaire. Consultez votre vétérinaire si la chienne :

- tremble au point d'avoir des convulsions (éclampsie) ;
- présente des pertes hémorragiques ou verdâtres au lieu de pertes claires durant la première phase du travail ;
- n'a pas expulsé le chiot dans les 4 heures qui suivent les premières poussées ;
- est stressée, pousse mal : donnez-lui du Caulophyllum (9CH, 30K) en homéopathie ;

- n'expulse pas complètement un chiot qui reste partiellement dans le vagin plus de 2 minutes : tirez délicatement le chiot et sortez-le, puis présentez-le à la chienne pour qu'elle s'en occupe ;
- ne coupe pas le cordon ombilical : ligaturez-le avec un fil fin, de type fil dentaire, à 1 cm du nombril et coupez-le ;
- ne s'occupe pas des chiots : percez la poche amniotique, coupez le cordon, et massez le chiot jusqu'à ce qu'il respire. Un chiot peut survivre jusqu'à 20 minutes sans respirer ;
- présente des pertes hémorragiques après l'expulsion des chiots et des placentas ;
- ingère tous les placentas : elle risque de vomir et de souffrir de diarrhée ;
- est épuisée après la mise bas : donnez-lui de l'Arnica (9CH, 30K) en homéopathie ou du Rescue en fleurs de Bach.

Le comportement maternel

Le comportement maternel regroupe l'ensemble des comportements, comprenant les soins aux chiots et la protection contre les menaces de l'environnement.

L'ensemble des soins prodigués aux chiots est une caractéristique biologique : en moyenne, la chienne s'occupe suffisamment de ses chiots pour qu'ils survivent jusqu'à ce qu'ils soient autonomes et capables de se reproduire. Quand le comportement maternant est insuffisant, les chiots meurent et le bagage génétique n'est pas transmis. Certaines chiennes dépassent la moyenne suffisante et sont d'excellentes mères. D'autres encore sont trop tolérantes, laissant aux chiots la liberté de faire tout et n'importe quoi, sans leur apprendre les codes de la communication sociale.

L'ensemble des soins aux chiots comprend :

- le léchage du périnée pour activer les éliminations réflexes. La chienne ingère les excrétions de ses petits pendant les trois premières semaines ;
- l'allaitement, qui dure de 4 à 10 semaines. Le sevrage commence à partir de la 4e à la 5e semaine ;
- l'action de ramener au nid un chiot égaré ;

- l'enseignement de l'immobilisation en présence d'un adulte ou en cas de conflit.

Les troubles du comportement maternel

Le comportement maternel est instable. Plusieurs facteurs peuvent l'influencer : le manque de maturité, le manque d'expérience, la maladie, l'épuisement, le stress et l'anxiété (abandon des chiots) ou une déficience génétique touchant le maternage.

Le problème le plus fréquent est la négligence dans les soins aux chiots. Par exemple, l'absence de léchage périnéal entraîne la mortalité. Il revient à l'éleveur de combler les déficits maternels et de s'assurer que les chiots reçoivent tous les soins nécessaires.

Les rares cas d'infanticide chez la chienne sont attribuables à plusieurs causes, entre autres :

- la chienne est extrêmement stressée : les fortes douleurs qu'elle éprouve au moment de l'accouchement peuvent l'amener à agresser ses chiots ;
- la chienne présente un manque ou une absence d'imprégnation à son espèce : elle ne reconnaît pas ses chiots et a un comportement de secouement et de prédation ;
- la chienne est hyperactive et ne contrôle pas ses mordillements et ses léchages.

La gestion des conflits et l'agression

La gestion des ressources

Vivre en groupe implique un partage de l'espace, du temps, de la nourriture, des lieux sécurisés, des lieux d'observation, des lieux de couchage, des contacts sociaux avec les figures d'attachement apaisantes et les amis, et de toutes les autres ressources, comme les jouets, sans oublier le partenaire sexuel. Si la ressource est limitée, il y a compétition et des conflits éclatent pour déterminer qui y aura accès en priorité. Les conflits sont gagnés par le chien qui exprime le plus fortement l'ensemble des caractéristiques suivantes : motivation, assertivité, force et intelligence. Au besoin, le conflit se résout par une agression.

La gestion de l'espace

Le chien, tout comme l'humain, a un espace vital nécessaire à son bien-être physique et psychologique. Cette « bulle » occupe deux fois la longueur du chien, mais elle s'agrandit si l'animal ne se sent pas bien, souffre, a peur ou est en colère. C'est ce qu'on appelle la « distance critique ». Un étranger doit respecter cet espace et seul un être familier peut le franchir.

Au-delà de la distance critique existe un autre espace qui s'étend sur quelques mètres à quelques dizaines de mètres : c'est ce qu'on appelle la « distance de sécurité ». En cas d'intrusion ou de sensation de menace, celle-ci permet au chien de réagir par la fuite, l'immobilité, les communications sociales ou l'agression de distancement. Cette distance est plus ou moins grande selon la confiance du chien.

La distance critique et la distance de sécurité sont constamment franchies par les membres d'un groupe et par des étrangers, et le chien se sent alors agressé, voire harcelé et non respecté dans sa sécurité et son bien-être, ce qui augmente sa réactivité et favorise l'apparition des conflits.

Au-delà de ces deux distances, il y a la zone à l'intérieur de laquelle le chien possède des priorités d'accès aux ressources : c'est le territoire. Le chien s'y sent mieux qu'ailleurs, plus sûr de lui, et donc plus enclin à défendre cet espace, dont il s'est créé une cartographie mentale et qui est divisé en plusieurs espaces : aire d'alimentation, de jeu, de repos, de contacts sociaux, d'accueil ou d'agression.

Les agressions

L'agression est définie de façon générale et floue comme un comportement volontaire qui conduit à forcer l'autre individu à prendre une posture contrainte, ou à rester à distance (physiquement ou socialement), ou qui engendre une atteinte à l'intégrité physique ou psychique, ou à sa liberté, sans son consentement.

L'agression se présente sous de nombreuses formes. Chaque type d'agression possède une héritabilité différente. Le tempérament est la partie associée aux comportements agressifs la plus attribuable à la génétique. En effet, un chien excitable, réactif, proactif et irritable aura plus souvent recours à des comportements agressifs qu'un chien passif, calme et doux.

Il n'y a pas non plus d'agression sans un agresseur et un agressé ; l'agression est un ballet, une pièce de théâtre où les deux acteurs ont leur part de coopération et de responsabilité dans leur représentation agressive, qu'ils soient chiens ou humains.

Les types d'agressions

La classification des agressions dépend de chaque auteur, et il n'y a pas de consensus entre eux et pas d'accord sur la nomenclature. J'ai analysé les agressions par leur description plutôt que par leur fonction et je les ai organisées par intensité et dangerosité croissantes.

TYPES D'AGRESSIONS CHEZ LE CHIEN

Agression parentale de sevrage, éducative et disciplinaire
Agression pendant le jeu et les jeux de combat
Agressions compétitives et sociales
• agression déclenchée par un aliment
• agression déclenchée par des objets non alimentaires
• agression liée au lieu de repos
• agression liée aux interactions sociales et au contrôle d'alliance
• agression liée au contrôle de l'espace
• agression liée au contrôle sexuel
• duel
Agression entre chiens de même sexe
Agression sexuelle
Agression par irritation (frustration, douleur)
Défense des jeunes, agression maternelle
Agressions de gestion et défense de l'espace
• agression de distancement
• agression de défense de groupe
• agression territoriale
Agression de poursuite
Agression incontrôlée
Agressions apprises
• agression conditionnée (conditionnement classique)
• agression instrumentale (conditionnement opérant)

• agression de dressage (conditionnement opérant)
• agression de meute (*mobbing, ganging*)
Infanticide
Agression prédatrice
• chasse en groupe
Agressions atypiques
• agression relative au trouble d'hyperactivité
• agression relative à la personnalité dyssociale
• hyperagression relative à un trouble somatique

Agression parentale de sevrage, éducative et disciplinaire

- Agression de sevrage : la mère s'éloigne de ses chiots âgés de 3 à 5 semaines pour éviter une tétée douloureuse ; elle grogne après les chiots, les pince et les repousse.
- Agression éducative : la mère s'approche du chiot la gueule ouverte, le happe au niveau du cou, du museau ou de la nuque et le pousse sur le sol ; le chiot tombe et s'immobilise ; quand le chiot s'immobilise, la mère le relâche. Cette technique apprend au chiot à s'immobiliser en présence d'un adulte afin de demander l'arrêt d'une interaction ou d'une agression. Elle est aussi utilisée lorsque le chiot se bagarre trop fort, s'éloigne trop loin du nid ou harcèle sa mère pour des tétées ou des contacts physiques.

Agression pendant le jeu et les jeux de combat

Un chiot mord ses frères et sœurs au cou, à la face et aux oreilles, et ces morsures sont douloureuses, alors le chiot mordu crie. Ensuite, dans le jeu, la situation est inversée et celui qui a été mordu mord à son tour. Ces morsures réciproques permettent à chacun des chiots d'apprendre à contrôler et à inhiber leurs morsures dans le jeu social.

Agressions compétitives et sociales
Il s'agit d'une agression typique qui se déroule en quatre phases : menace, attaque, arrêt et période réfractaire. Cette agression cible un type d'individu auquel le chien a été socialisé (autres chiens, différents types d'humains, chat et autres) lors d'une compétition pour une ressource limitée ou un privilège. La répétition de cette agression dans le même contexte entre les mêmes individus peut entraîner l'établissement d'un privilège pour le chien gagnant et la réduction du déplaisir pour le chien perdant.

Agression déclenchée par un aliment
Le chien, en posture haute ou basse, défend le repas qu'il a reçu ou qu'il s'est approprié, qu'il a volé ou trouvé. Cette agression est plus fréquente si le chien a faim, s'il est obsédé par la nourriture, lorsque l'aliment est très appétissant, par exemple un os. Cette agression est réduite s'il n'y a plus de repas servi dans une gamelle et que l'aliment lui est donné en récompense pour son obéissance, si le repas est offert dans un distributeur mobile de croquettes, si le chiot a appris qu'une approche de sa gamelle entraîne plus de plaisir (plus d'aliments) que de déplaisir (enlever la gamelle et se fâcher).

Agression déclenchée par des objets non alimentaires
Le chien, en posture haute ou basse, défend un objet non alimentaire, par exemple une balle, un mouchoir ou un morceau de papier. Cette agression a une forte héritabilité, c'est-à-dire une base génétique, et est plus fréquente dans certaines lignées. Elle est réduite si on apprend au chien à donner l'objet et qu'on le récompense ensuite.

Agression liée au lieu de repos
Le chien défend le lieu de couchage, que ce soit son panier, un fauteuil ou le lit sur lequel il s'est installé. Cette agression est réduite si on respecte le chien lorsqu'il a besoin de repos et si on lui apprend à s'éloigner du lieu de couchage par obéissance récompensée.

Agression liée aux interactions sociales et au contrôle d'alliance
Le chien défend une figure d'attachement ou de prédilection de toute approche, qu'il s'agisse d'une personne, d'un chien ou d'un animal ; ou se permet d'agresser autrui lorsqu'il est à proximité d'une figure d'autorité (comme s'il faisait alliance avec elle).

Agression liée au contrôle de l'espace
Le chien défend un espace sur lequel il exerce un contrôle de passage (une zone ou une pièce).

Agression liée au contrôle sexuel
Le chien défend le partenaire sexuel actuel ou potentiel (chien ou humain de l'autre sexe) des compétiteurs humains ou canins du même sexe. Le chien mâle peut présenter ce comportement plus fréquemment pendant les chaleurs de la chienne et les périodes d'ovulation ou de règles de la femme ; la chienne présente ce comportement durant sa période de chaleurs.

Duel
L'agression compétitive-sociale apparaît parfois sans ressource observable, plus souvent au moment de l'adolescence ou lorsqu'un nouveau venu est introduit dans le groupe social ou à l'occasion d'un jeu qui dégénère. C'est comme si les chiens se battaient en duel, probablement pour affirmer ou revendiquer leur tempérament. Dans ce cas, les duels peuvent être répétés pendant plusieurs mois jusqu'à ce qu'un des chiens renonce aux conflits.

Agressions entre chiens de même sexe
Le mâle, plus que la femelle, apprécie les combats avec les mâles rencontrés au hasard des balades.

Cette agression a une forte composante génétique, sélectionnée chez les chiens de combat, mais pas assez contre-sélectionnée chez les chiens de famille qui, pour un grand nombre d'entre eux, aiment se chamailler avec les autres chiens non familiers.

On peut contre-conditionner cette tendance en apprenant au chien à se détourner de son adversaire avant le conflit et en récompensant ce comportement.

Agression sexuelle

Le chien mâle menace et contraint, y compris par des morsures contrôlées, une chienne, un chien mâle castré, voire une femme, afin de l'obliger à s'accoupler en ayant recours au léchage, au chevauchement et à des tentatives de pénétration. De nombreux chiens mâles tentent de renifler et de lécher les zones sexuelles ou chevauchent et grognent, voire mordent, s'ils sont repoussés. D'autres volent la lingerie féminine et deviennent agressifs si on veut la récupérer. Ces agressions sont liées à un contexte de défense d'une ressource sexuelle (agression compétitive) et peuvent dégénérer en agression sexuelle.

Agression par irritation (frustration, douleur)

L'agression par irritation est une agression contrôlée apparaissant dans un contexte (d'anticipation) d'interférence avec un comportement, une intention ou une motivation du chien par – et envers – un individu auquel le chien a été correctement socialisé et qui n'est pas considéré comme dangereux. L'interférence est très souvent une contrainte, une manipulation non désirée, une frustration, une douleur ou simplement le franchissement de la distance critique du chien. Elle peut se produire lors du brossage ou du nettoyage des oreilles du chien, lorsqu'on lui marche sur la queue, qu'on soigne une plaie ou qu'on l'empêche de poursuivre un chat. La chienne recourt à ce type d'agression lorsqu'elle refuse les avances ludiques ou sexuelles du mâle.

Défense des jeunes, agression maternelle

La chienne attaque les individus, chiens ou humains, qui s'approchent trop près de son nid, pendant la période d'allaitement et même au-delà. Une chienne en pseudocyèse (pseudogestation) peut défendre des chiots imaginaires ou des jouets qu'elle materne.

Agressions de gestion et défense de l'espace

Agression de distancement

Le chien attaque un individu, un chien ou un humain qui s'approche ou pénètre à l'intérieur de sa distance de sécurité avec l'intention de l'empêcher de franchir cette limite ou de l'en éloigner. Le chien aboie après l'intrus. Ensuite, il court vers lui tout en aboyant et en adoptant une posture haute, puis il s'arrête face à l'intrus et continue d'aboyer, jusqu'à ce que l'intrus s'arrête, recule ou montre des signes de déférence : détournement du regard, immobilité.

Ce type de comportement ainsi qu'un tempérament proactif ont une forte héritabilité. Ce comportement apparaît le plus souvent entre la puberté et l'âge adulte, même chez un chien qui était auparavant bien socialisé.

Ce comportement agressif se conditionne aisément ; à ce moment-là, le chien attaque directement en aboyant et finit par mordre, aux jambes ou aux bras que les gens utilisent pour se protéger, à la gorge ou au visage. Une fois qu'il a mordu, le chien s'éloigne généralement de sa cible.

On peut contre-conditionner cette tendance en apprenant au chien à se détourner de son adversaire avant le conflit et en le récompensant lorsqu'il obéit.

Agression de défense de groupe

L'agression de défense de groupe est une agression de distancement appliquée non à la distance de sécurité d'un individu, mais à celle d'un groupe dont le chien fait partie.

Différentes motivations peuvent activer ce type d'agression, que l'on trouve plus fréquemment chez les chiens sélectionnés pour la garde. On l'observe également chez les chiens de protection de troupeaux de moutons, qui ont été socialisés à ces animaux depuis leur plus jeune âge, et qui attaquent les loups, mais parfois aussi les promeneurs en montagne. Ce type d'agression associé à un tempérament proactif sous-jacent a une forte composante génétique.

Agression territoriale
L'agression territoriale est une agression de défense de groupe dans laquelle la notion de groupe est remplacée par un concept d'espace, à cartographie déterminée, entre autres les limites de l'espace de résidence du chien.

L'agression territoriale sert à empêcher un intrus d'envahir le territoire, à le raccompagner en dehors du territoire et, éventuellement, à l'accepter dans le territoire s'il présente tous les critères d'acceptation : non-dangerosité, avantages divers, par exemple une chienne en chaleur sur le territoire d'un mâle.

L'agression territoriale se renforce quand elle est efficace, et c'est le cas pour un chien dont le jardin est bien clôturé. Il est sans danger d'aboyer après les passants qui, de toute façon, ne font que passer. Le chien perçoit l'éloignement des passants comme une récompense, ce qui l'encourage à continuer. Si l'intrus ne s'en va pas, le chien redouble de menace. Si l'intrus franchit le périmètre, le chien peut aller jusqu'à le mordre. C'est l'agression à laquelle le facteur doit faire face au quotidien.

Agression de poursuite
Le chien court – trotte et galope – derrière une cible en mouvement ; il est quasi sourd à tout appel de son éducateur et à toute distraction.

La poursuite est un des patrons-moteurs du comportement de chasse. Elle a une forte composante génétique. Elle peut exister chez tous les chiens, mais s'exprime plus facilement à l'intérieur de certains groupes, comme les chiens de chasse et les chiens de rassemblement de troupeaux. Activée par le mouvement d'une cible ou d'une proie, elle est autorenforçante : le chien poursuit pour satisfaire son besoin ou son envie de poursuivre, pas pour capturer.

Pour stopper un chien en pleine course, il faut le distraire à l'aide d'un jet d'air déclenché à distance, par exemple. La distraction perturbe alors le comportement de poursuite, le temps que la cible s'éloigne. Il faut ensuite rappeler le chien et le récompenser à son retour.

Agression incontrôlée
Le chien attaque et mord sans contrôle un intrus, considéré comme un inconnu ou jugé dangereux, qui pénètre dans son espace vital, franchissant la

distance critique. Dans cette agression, on ne reconnaît plus de séquence bien typée : la menace et l'attaque peuvent alterner. Le contrôle de l'agression est proportionnel – et la violence est inversement proportionnelle – à la sociabilité du chien vis-à-vis de l'intrus.

Cette agression est une technique visant à assurer la sécurité et la survie. C'est la réaction d'un chien acculé au mur ou qui n'a pas appris à fuir en face de ce qu'il perçoit comme une menace ou un prédateur. Elle s'accompagne de manifestations d'insécurité et de peur : posture basse, transpiration des coussinets, dilatation des pupilles et vidange des glandes anales.

Agressions apprises

On parle d'agression apprise lorsque le type d'agression primaire a été modifié par apprentissage.

Agression conditionnée (conditionnement classique)

Le chien agresse automatiquement dans un contexte, un lieu et selon un horaire précis. Par exemple, le chien manifeste de la mauvaise humeur le soir ou au départ des propriétaires, poursuit des cibles spécifiques comme des vélos ou des voitures, ou attaque le facteur, mais pas les autres passants.

Ce type d'agression doit être contre-conditionné en associant un autre comportement aux situations qui provoquent une réaction automatique indésirable chez le chien. Par exemple, l'éducateur peut lui donner certains ordres, comme « assis », « couché », « regarder », comme lorsque le facteur passe et en le récompensant lorsqu'il a obéi et n'a pas aboyé.

Agression instrumentale (conditionnement opérant)

L'agressivité du chien est renforcée – quelle que soit sa tendance naturelle – lorsque les conséquences de l'agression lui sont favorables parce qu'il obtient quelque chose de plaisant ou évite quelque chose de déplaisant. L'agression renforcée est différente de l'agression non renforcée : la menace est de plus courte durée, l'attaque plus violente, les morsures plus fortes, la phase d'arrêt et la période réfractaire sont moins fréquentes. On parle alors d'hyperagressivité secondaire.

Agression de dressage (conditionnement opérant)
Le dressage au mordant, que ce soit à la défense ou à l'attaque, a pour intention d'augmenter l'intensité de la morsure et de conditionner l'attaque à une cible spécifique (l'homme d'attaque) ou désignée.

Le travail de conditionnement de la cible doit être extrêmement précis et rigoureux parce que, comme le chien acquiert ses propres conditionnements – qui peuvent être divergents de ceux qu'on veut lui enseigner –, il peut très bien se conditionner à attaquer, par exemple, toute personne qui lève un bras ou qui porte une protection sur un bras.

Pour déconditionner ces erreurs éventuelles d'apprentissage, il faut associer la cible conditionnée avec un comportement incompatible avec l'agression, comme un «assis» ou un «couché», et augmenter de cette façon la spécificité du conditionnement à la cible spécifique.

*Agression de meute (*mobbing, ganging*)*
Différents chiens se regroupent pour attaquer une cible. Dans ce cas, la séquence perd toute caractéristique compréhensible et l'attaque et la morsure sont généralement intensifiées et conduisent facilement à la mort de la victime. L'effet groupe facilite l'agression en réduisant les inhibitions émotionnelles et sociales qui normalement empêchent un individu isolé de s'exprimer aussi agressivement.

Le *mobbing* est une modalité qui s'applique à différents types d'agressions: territoriale, compétitive, de poursuite ou simplement envers un nouveau venu introduit dans un groupe établi.

Infanticide
L'infanticide est la mise à mort de nouveau-nés ou de jeunes de l'espèce, ou encore d'une espèce à laquelle le chien a été adéquatement socialisé.

Ce type d'agression peut avoir des motivations très différentes s'il s'agit d'une mise à mort passive des chiots par une mère incompétente ou d'une mise à mort active par une mère mal socialisée qui ne s'identifie pas à l'espèce canine, par exemple une mère asociale qui a été inséminée parce qu'elle refusait le mâle. Ou encore par un autre chien du groupe ou un chien qui n'appartient pas au groupe social.

Agression prédatrice

L'agression prédatrice est une séquence de patrons-moteurs qui s'enchaînent pour aboutir à la poursuite, à la capture et à la mise à mort d'un individu auquel le chien n'a pas – ou a mal – été socialisé.

La séquence de chasse se modifie si la cible est de petite ou de grande taille, si elle est sur terre ou sous terre. Dans le cas d'une proie de petite taille, le chien peut remplacer la morsure de capture par un saut à pattes jointes pour assommer sa proie, suivi d'une prise à la nuque et d'un secouement qui remplace la morsure de mise à mort. Le chien qui chasse ne menace pas ; par contre, il peut aboyer, comme les chiens courants et les chiens de terrier.

La proie est un être vivant auquel le chien n'est pas correctement socialisé ; exceptionnellement, le chien peut être socialisé à sa proie, mais, au moment d'exprimer l'agression prédatrice, il ne la reconnaît pas. C'est le cas d'un chien de grande taille qui attaque brusquement un chien miniature, ou un enfant (avec lequel il vivait), le capture à la nuque, et le secoue. L'agression sur un enfant familier se fait généralement dans des situations inhabituelles pour le chien.

Chasse en groupe

L'effet groupe (*mobbing*) a souvent pour conséquence d'intensifier l'agression prédatrice par compétition entre les différents chiens. Ceux-ci, surexcités par la compétition, tirent la proie chacun de leur côté, entraînant un démembrement de celle-ci encore vivante ; les chiens surexcités peuvent aussi rediriger leur agressivité sur d'autres chiens.

On retrouve peu chez le chien les chasses organisées et coordonnées que l'on observe chez le loup gris. Dans ces chasses coordonnées, chaque individu a un rôle complémentaire à jouer pour la distraction, la diversion, le harcèlement et la capture de la proie.

Agressions atypiques

L'agression est dite atypique lorsqu'elle est anormale en raison d'une pathologie physique ou psychologique.

Agression relative au trouble d'hyperactivité
Le chien hyperactif – qui est également impulsif, hyperréactif, hyperexcitable et hypersensible – se caractérise par son impulsivité et le manque de contrôle de ses mouvements et de ses morsures. Une agression compétitive ou par irritation, par exemple, devient facilement intense.

Agression relative à la personnalité dyssociale
Le chien asocial, c'est-à-dire qui ne connaît pas les codes de la communication canine qui permettent de gérer les conflits, est incapable de stopper une bagarre en prenant une position claire, haute ou basse, et est incapable de stopper une attaque lorsqu'il perçoit une posture haute ou basse immobile. Dès lors, le chien asocial qui perd un conflit est incapable de s'immobiliser pour le stopper et il prend peur; son agression évolue alors vers une agression explosive et violente. S'il gagne, il ne peut s'empêcher de mordre son adversaire, même si ce dernier s'immobilise en posture basse, lui infligeant des plaies profondes et provoquant chez sa victime une réaction d'agression causée par la douleur et la peur.

Hyperagression relative à un trouble somatique
Ce type d'agression intense sans autocontrôle est causé par une pathologie somatique, comme une tumeur cérébrale, la démence sénile et d'autres atteintes au cerveau plus rares.

Risque et dangerosité
La dangerosité d'un chien est le danger potentiel que l'animal représente et qui est déterminé par ses caractéristiques physiques et psychologiques. La dangerosité d'une situation est la potentialité d'apparition d'un accident dans une situation donnée. La probabilité qu'une morsure, une blessure ou un décès soit attribuable à l'agression d'un chien dépend de plusieurs facteurs:

- la taille du chien est proportionnelle à la puissance de ses armes – grosseur des dents et force des mâchoires – et à la vitesse de ses déplacements. Donc, un chien de 50 kg est potentiellement plus dangereux qu'un chien de 5 kg;

- l'intensité de la morsure. Une morsure forte est plus dangereuse qu'une morsure contrôlée ;
- le nombre de morsures ;
- une attaque proactive, c'est-à-dire lorsque l'attaquant se déplace vers la cible, est plus dangereuse qu'une agression réactive, c'est-à-dire lorsque la victime de l'agression s'est approchée du chien ;
- une attaque sans menace au préalable est plus dangereuse et moins facile à gérer par la victime qu'une attaque qui fait suite à une menace bien exprimée ;
- l'apprentissage au mordant (fort) est un danger. Mais le désarmement (nivellement des canines) réduit le danger.

Gestion et traitement des agressions

Avant de traiter un chien agressif, il faut être conscient des risques et des dangers de garder un tel chien. Par ailleurs, il faut comprendre qu'il y a une part génétique irrépressible dans les comportements agressifs et qu'il est impossible d'obtenir un risque zéro. De plus, il faut évaluer le risque acceptable d'agression dans le système familial où le chien agressif vit.

L'agression étant une activité, il est toujours favorable d'enrichir l'activité générale du chien, car cela contribue à réduire les agressions.

L'agression étant un comportement actif et ciblé, il est illusoire de tenter de la réprimer, mais il est préférable de la rediriger ou de proposer au chien une autre activité acceptable pour lui et pour son environnement, afin qu'il dépense son surplus d'énergie, par exemple :

- permettre au chien excitable qui s'énerve et « explose » en étant agressif de mordre un objet, comme un bâton, un boudin ou une corde, parce que mordre, mâcher ou mastiquer a pour effet de calmer le chien ;
- apprendre au chien un comportement alternatif incompatible avec l'agression et, si possible, ludique, en lui demandant de détourner le regard, de s'asseoir ou d'aller à un endroit précis et récompenser le comportement adéquat ;
- contrôler le chien agressif en utilisant la laisse et la muselière, et, éventuellement, le « désarmer » en ayant recours au nivellement des canines.

Les étapes de la vie du berger allemand

La physiologie et les comportements du berger allemand changent selon son âge et l'étape de son développement.

Le développement

Le développement permet la mise en place de tous les éléments nécessaires pour que le chien puisse survivre et se reproduire dans des environnements passablement variables. La programmation des étapes du développement est génétique, mais la qualité du développement – autant cérébral, morphologique que psychologique – dépend de son interaction avec l'environnement.

La période prénatale

Le développement commence avant la naissance ; la période prénatale est mal connue, mais déjà le chiot interagit sommairement avec son environnement, protégé par sa mère, mais influencé par le stress qu'elle ressent. Caresser une chienne gestante et palper les chiots permet déjà à ceux-ci de s'habituer au contact.

La naissance et la période néonatale

À la naissance, le chiot possède tous les réflexes qui lui permettent de s'orienter vers sa mère, de ramper vers les mamelles et de téter. Il s'attache à sa mère, source de nourriture, de chaleur, de bien-être et de sécurité.

La 1re semaine
Le nouveau-né, immature, aveugle et sourd, a les paupières fermées et ses oreilles, petites et repliées, bloquent son canal auriculaire. Son répertoire moteur et comportemental est très limité : il fait quelques mouvements de pendule avec la tête, quelques reptations en rond jusqu'à ce qu'il obtienne un contact, se dirige vers ce contact, généralement sa mère, il recherche les tétines maternelles qu'il reconnaît à l'odeur, il tète et pétrit la mamelle.

Malgré son immaturité, le chiot correctement stimulé, par exemple si on lui entoure le museau de la main, peut avancer sur plus de 10 mètres. Au moindre contact, ses muscles frémissent. C'est ainsi qu'en léchant son chiot la chienne-mère stimule la digestion, la respiration et l'élimination.

La 2e semaine
Pendant la 2e semaine, les yeux et les oreilles s'ouvrent. L'iris est d'un bleu violet. Les chiots clignent des paupières si la lumière est trop forte. Le premier signe que le chiot entend est qu'il sursaute dans son sommeil lorsqu'il y a un bruit soudain et violent.

Un pépiement constant, très semblable à celui que l'on entend dans un nid d'oiseau, s'échappe du nid des chiots. Il y a toujours un petit audacieux qui s'aventure hors du nid, s'égare et hurle de désespoir jusqu'à l'arrivée réconfortante de la mère, qui le saisit entre ses incisives par la peau du cou et le ramène au nid.

La 3e semaine
La 3e semaine, il se produit une véritable révolution physiologique. La vue et l'audition s'affinent et les réflexes du nouveau-né disparaissent. Le chiot s'aventure désormais à la force de ses membres et, guidé par sa curiosité, explore son environnement. On le voit faire un pas en avant, ébaucher un saut, faire un pas en arrière et tenter un retrait devant un stimulus déconcertant. Mais la curiosité du chiot est bientôt plus forte que sa crainte et il repart de plus belle.

Sa voix change, s'intensifie et, au répertoire des cris et des pleurs, s'ajoutent les premiers grognements. Les dents de lait font leur apparition. La bouche reste l'organe le plus sensible, donc le principal atout pour la découverte de ses frères, de ses sœurs et de ses premiers jouets.

Les chiots acquièrent peu à peu le contrôle de leur vessie et de leurs intestins, et commencent à éliminer spontanément sans léchage du périnée. Rapidement, ils tentent d'escalader les parois du nid pour se soulager à l'extérieur, maintenant une propreté relative dans les lieux de couchage. C'est un signe que le système neurovégétatif arrive progressivement à maturité. Un autre signe est la stabilisation de la température interne qui se situe désormais autour de 38,5 °C.

Grâce à l'acquisition de la vue et de l'ouïe et à la capacité de se déplacer et d'intervenir sur leur environnement, les chiots sont désormais prêts à entreprendre une nouvelle étape de leur apprentissage : l'initiation à la vie en société, le développement émotionnel et affectif.

La période de socialisation primaire

L'imprégnation et la socialisation

La période fondamentale pour le développement du chiot va de l'âge de 3 semaines à 3 mois environ. Cette période plus ou moins longue est réglée par la génétique de la lignée (race). À 3 semaines, le chiot quitte l'étape du nourrisson pour entrer dans la première enfance. Il va découvrir « l'autre ». Il apprendra à identifier l'ami, la proie et celui qui doit être craint. Le chiot sera sevré du lait maternel et ingurgitera ses premiers aliments solides. Un peu plus tard, il va subir l'autorité maternelle et son éloignement, une étape indispensable pour qu'il se détache de sa mère, devienne autonome et fasse son entrée dans la famille comme un être à part entière.

Cette période a été décrite dans le chapitre sur la socialisation (voir p. 49 à 53).

L'élimination

À la naissance, l'élimination de l'urine et des fèces était un réflexe déclenché par le léchage du périnée par la chienne. Vers l'âge de 2 à 3 semaines, les chiots éliminent spontanément et, dès lors, le chiot sort du nid pour éliminer

Rintintin
l’enthousiaste

Paloma
la curieuse

Dagobert
l'obéissant

À chacun son caractère

le raplapla

le joueur

l'aimable et le charmant

le professeur

Babou

le réfléchi

Caféine
au repos

Tapioca
le docile

Florette

la noble

Hans
le patriarche

Eva

la sportive

Zak

le pensif

Diamant et Saphir

les complices

Galopin
l'investigateur

Mélodie

l'indulgente

Virgule

la guillerette

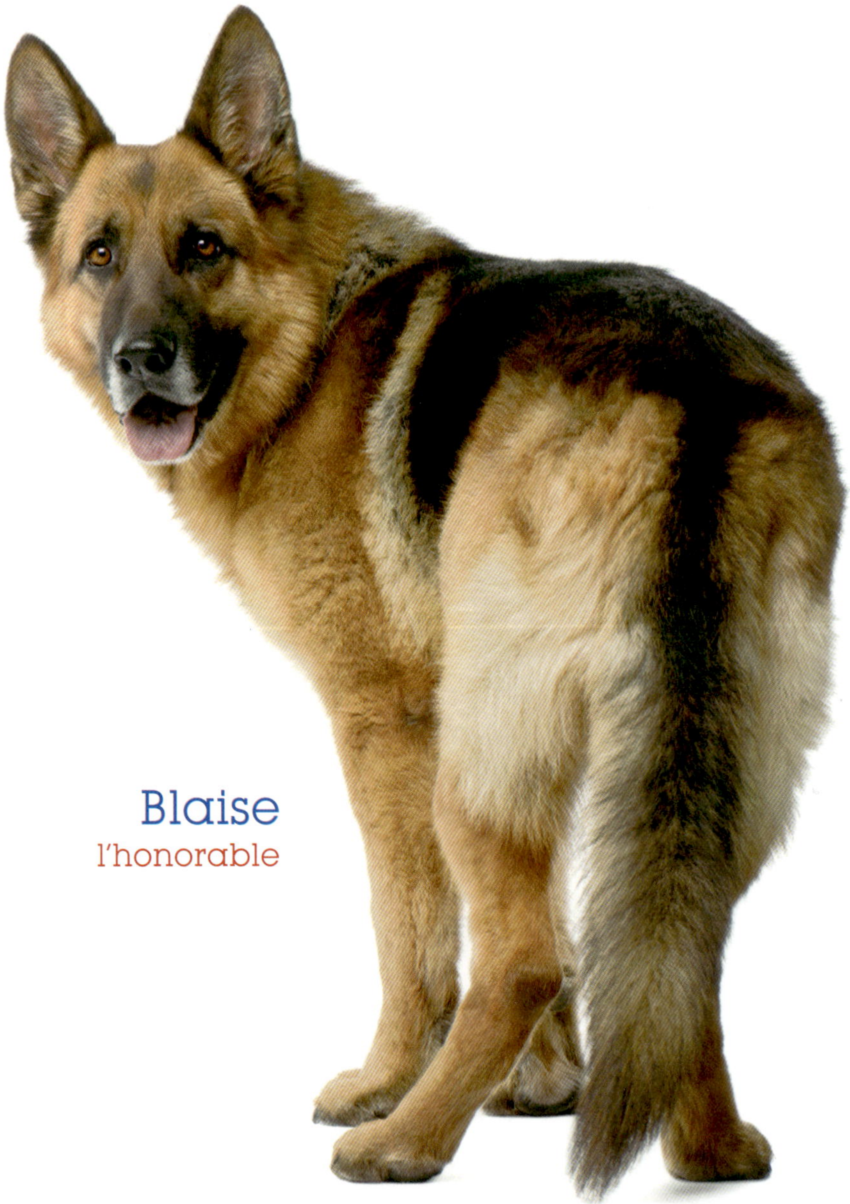

Blaise

l'honorable

afin de garder le nid propre. Dès l'âge de 8 semaines, les lieux d'élimination sont devenus spécifiques et préférentiels, éloignés des lieux de couchage et d'alimentation. Cette préférence va se confirmer dans les semaines suivantes. À 15 semaines, elle est presque définitive.

Le comportement d'élimination est précédé d'une déambulation le nez au sol à la recherche des odeurs des précédentes éliminations ; la découverte de ces odeurs active le réflexe d'élimination. Il s'agit d'un véritable conditionnement. En effet, vers l'âge de 8 semaines, le chiot associe les lieux et les surfaces avec le comportement d'excrétion : désormais, la vue ou l'odeur de ces endroits déclenchent le besoin d'éliminer.

Le chiot élimine toutes les heures le jour et toutes les trois à quatre heures durant la nuit. S'il ne dispose pas de beaucoup d'espace et ne trouve pas un lieu d'élimination adéquat, le chiot va tenter de contrôler ses sphincters et de se retenir.

C'est donc déjà chez l'éleveur qu'apparaît la préférence du chien pour le type de surface et de lieu d'élimination. Lorsque vous adoptez un chiot vers l'âge de 7 à 8 semaines, c'est dans son nouveau foyer que ces choix vont se confirmer.

L'apprentissage de la propreté

La technique classique mais démodée d'apprendre au chiot à être propre consiste à le faire éliminer dans la maison sur du papier journal. Elle comporte le désavantage non négligeable de le conditionner à éliminer dans la maison à un endroit précis qu'il choisira comme lieu de prédilection pour éliminer. Il sera ensuite très difficile de lui faire perdre cette habitude.

Le chien est naturellement propre s'il élimine en dehors des zones de couchage et d'alimentation. Cette notion répond à ses critères et ne correspond pas à nos exigences humaines. Nous désirons que le chien élimine dans des lieux spécifiques, c'est-à-dire dehors, parfois sur une terrasse ou dans un grand bac à litière, et qu'il respecte la totalité du sol de notre habitation. Ce n'est pas une notion familière pour le chiot ; il doit apprendre qu'il est inconvenant (désagréable) d'éliminer à l'intérieur et nettement préférable (agréable) d'éliminer à l'extérieur ou à l'endroit choisi par les propriétaires.

Pour y arriver, il faut amener le chiot à l'endroit approprié au moment crucial et le récompenser, par une friandise, par exemple, quand il a éliminé. Le moment où le chiot a le plus tendance à éliminer est difficile à déterminer, mais cela est plus fréquent quand il se réveille, après avoir mangé, bu et joué. Le plus simple consiste à le sortir systématiquement le plus souvent possible, même toutes les demi-heures le jour, et toutes les 3 à 5 heures la nuit.

Beaucoup de propriétaires n'apprécient pas cette façon de faire qui est pourtant efficace. Dès lors, ils choisissent un endroit où le chiot pourra faire ses besoins et déposent des journaux par terre en espérant qu'il s'y soulagera. Cette méthode, lorsqu'elle fonctionne, a le désavantage d'imprégner le sol de l'odeur d'urine et d'excréments, indiquant au chiot qu'il peut éliminer à cet endroit, protégé ou non par des journaux. Pour éviter cet inconvénient, il est préférable d'utiliser des alèses ou de déposer les journaux sur une toile en plastique, afin d'éviter que le sol ne soit imbibé de l'odeur des excréments. Il est encore plus simple d'utiliser un grand bac en plastique au bord peu élevé, contenant du sable, de la litière pour chat ou du papier essuie-tout, et d'encourager le chiot à éliminer à cet endroit en l'y portant souvent et en le récompensant quand il a éliminé.

L'école des chiots

L'école des chiots est un rassemblement organisé et éducatif qui réunit des chiots de plusieurs races qui en sont au même stade de développement psychomoteur. C'est un lieu d'éveil en groupe. Le but de ces « classes » consiste à permettre au chiot de perfectionner ses apprentissages. Ainsi, il raffinera sa socialisation, apprendra à bien contrôler ses morsures et ses mouvements pendant la période délicate de socialisation primaire, le tout dans une atmosphère de bonne humeur, par le jeu, et en évitant les traumatismes. On va encourager et stimuler le chiot à vivre certaines expériences et s'assurer ainsi qu'il atteint les objectifs que l'on s'était fixés sans le brusquer.

Aucune punition n'est nécessaire. Il s'agit de réorienter et de récompenser les comportements d'excitation que le chiot réussit à rediriger, plutôt que de le punir. Tout se fait dans une ambiance de jeu, avec des encouragements, des motivations et des récompenses.

Le grand avantage des classes de chiots, comparativement à la portée de chiots, est la multiplicité des races de chiens avec lesquelles le chiot se familiarise. Il apprend ainsi qu'il est un chien et que les autres chiens sont aussi des chiens et non des proies. Cela est particulièrement important pour les chiots de grandes races qui doivent apprendre plus que les autres que les chiots de petites races appartiennent au concept « chien » et non pas au concept « proie », c'est-à-dire un animal que l'on peut pourchasser, capturer, secouer par la peau du cou et tuer. L'école des chiots leur apprend à s'identifier à leur espèce, malgré les différences énormes entre les différents types de chiens.

La période juvénile

La période juvénile se situe entre la fin de la période de socialisation primaire, qui va de la 12e à la 16e semaine, et la puberté, qui va du 5e au 18e mois suivant la race. C'est une période d'intégration et de généralisation des acquis, une période plus calme entre deux périodes sensibles. La peur de l'inconnu, qui s'est déclenchée à la fin de la période d'imprégnation, s'amplifie et vient freiner la curiosité universelle du chiot.

Le chiot doit être sociable avec les gens, les chiens et les animaux familiers ; il doit être à l'aise dans son milieu de vie (campagne ou ville) et être capable de changer d'environnement sans éprouver un stress excessif ; il doit savoir communiquer avec les chiens en utilisant les postures hautes ou basses, l'immobilité et le détournement du regard ; et il doit être capable de contrôler ses mouvements et ses morsures, par exemple ne plus mordre trop fort pendant le jeu. Si ces caractéristiques comportementales ne sont pas encore acquises, il est urgent de les lui inculquer.

La période juvénile est propice aux apprentissages et c'est un bon moment pour éduquer le berger allemand. Il est facile de lui apprendre de façon positive, en lui offrant des récompenses, un nombre incalculable de trucs éducatifs, y compris les ordres de base qui permettent de le structurer et de le sécuriser : « assis », « couché », « viens », « reste » et autres commandes qui permettent au propriétaire de contrôler son chien en toutes circonstances.

La puberté

La puberté est une période sensible marquée par des changements morphologiques, affectifs et comportementaux. À cette étape, la génétique s'exprime de nouveau, de façon retardée : elle lance la production des hormones sexuelles qui vont façonner le corps et les motivations psychologiques de l'adolescent. Des gènes jusque-là silencieux se manifestent, modifiant la psychologie et faisant ressembler les jeunes chiens davantage à leurs géniteurs : c'est une période de désocialisation qui marque le début de nombreux troubles psychologiques et la fixation des problèmes existants. Et, bien sûr, la puberté pousse le jeune chien à se détacher de la figure unique de sécurisation, du groupe et de l'environnement familier.

La métamorphose hormonale

La puberté se signale par l'apparition du marquage urinaire chez le mâle, qui commence à lever la patte pour uriner, et par les premières chaleurs chez la femelle. La production des hormones sexuelles entraîne un changement de l'aspect physique : différenciation sexuée des mâles et des femelles, développement des organes sexuels externes, augmentation de la stature, de la résistance et de la puissance musculaire chez le mâle. Elles induisent la libération de phéromones et d'odeurs dans les sécrétions cutanées et les excrétions, modifiant la communication avec les membres de l'espèce.

Soumis à ces changements, le chien adolescent perçoit de nouveaux messages dans son environnement et il devient plus réactif, plus agressif, moins enclin à se soumettre aux contraintes des adultes.

Le détachement filial, l'attachement au groupe, la sexualité, le machisme

Le chiot a un attachement filial et une obéissance spontanée à ses parents naturels et adoptifs. Cette subordination disparaît avec la puberté, au profit d'une tentative d'établir une relation analogue entre égaux. Cette modification des relations sociales engendre des conflits entre parents (adoptifs) et enfants. La réactivité et les provocations excessives des jeunes chiens entraînent une réactivité en miroir des adultes. D'autre part, les jeunes bergers allemands sont intéressés par la sexualité et font la cour aux chiens de sexe opposé. Les adultes réagissent violemment et jalousement à ces tentatives de rapprochement intime avec leur partenaire.

La résolution des conflits passe par l'agression sociale. De nombreux combats peuvent émailler cette période, les adolescents perdant plusieurs conflits avant de ranger les armes.

De plus, les mâles ont désormais tendance à affronter les autres mâles ; cette attitude macho engendre des conflits supplémentaires avec les mâles à l'intérieur et à l'extérieur du groupe social.

La désocialisation et la xénophobie

Indépendamment des changements hormonaux, l'adolescent vit d'autres changements d'origine génétique qui font de cette étape de la croissance une période sensible de désocialisation avec tendance à la xénophobie :

- apparition de peurs : perte de certaines habituations et socialisations, et apparition de peurs, particulièrement celles de l'inconnu, de la nouveauté et surtout de l'étranger (par rapport au groupe) ;
- apparition de comportements agressifs liés à la gestion de l'espace individuel et de groupe : agression de distancement, de défense du groupe et territoriale.

Certains bergers allemands, parfaitement équilibrés dans l'enfance, peuvent changer totalement de comportement à la puberté et souffrir de phobies ou devenir agressifs. Cette tendance est génétique et se retrouve dans la fratrie et les ascendants (père, mère, grands-parents). On ne peut corriger que partiellement la perte de socialisation, les phobies sociales et l'agressivité.

Le berger allemand âgé

Le berger allemand est considéré comme âgé quand il entre dans le troisième tiers de sa vie.

L'âge entraîne des modifications physiologiques et comportementales. Certains organes vieillissent et deviennent défaillants. Le berger allemand âgé souffre avant tout d'arthrose et d'insuffisance rénale chronique. L'arthrose entraîne des difficultés à se déplacer et des douleurs au mouvement, surtout au moment de se lever et après le mouvement. Toutes les articulations peuvent être touchées, principalement le bas du dos et les hanches, ce qui entraîne des difficultés à se relever, à marcher et à sauter. L'insuffisance rénale chronique provoque une augmentation de la production d'urine et par le fait même une soif accrue. Ces deux problèmes de santé altèrent la qualité de vie du berger allemand. L'insuffisance rénale engendre de la malpropreté, car le chien doit éliminer beaucoup et souvent, et l'arthrose le restreint dans ses déplacements.

Le berger allemand âgé est également sujet aux troubles cardiaques (insuffisance cardiaque) et aux cancers.

Et plus le chien est âgé, plus on observe l'apparition de démence sénile : perte de mémoire et de certains de ses apprentissages, ainsi qu'une détérioration de la gestion de ses émotions.

On veillera à faciliter la vie du berger allemand âgé en le sortant plus fréquemment pour ses besoins hygiéniques, en le promenant moins longtemps, mais régulièrement, pour entretenir sa musculature, et en lui offrant des activités cognitives pour garder son cerveau en éveil. Certains aliments visent à réduire l'évolution des affections du chien âgé. Et des médicaments facilitent l'oxygénation du cerveau et ralentissent la dégénérescence articulaire ou cérébrale.

Comment apprend le berger allemand ?

L'apprentissage est le processus cognitif par lequel l'animal acquiert des compétences non instinctives. Il existe différentes formes d'apprentissage.

L'habituation

L'habituation est la capacité d'apprendre à ne pas réagir à certains stimuli. Cela signifie que le berger allemand reste serein, malgré la présence de stimuli innombrables dans l'environnement : il dort, malgré le brouhaha de la vie quotidienne dans une famille ; il reste imperturbable lors de la promenade en ville, malgré la cacophonie ; il ne réagit plus aux bruits de pétards qui explosent, aux coups de feu, aux feux d'artifice ni au tonnerre qui gronde.

Le conditionnement classique

Le conditionnement classique est une association (automatisée et involontaire) entre une réaction affective (émotion, humeur, cognition) ou physiologique (saliver, éliminer…) et un contexte ou stimulus externe.

Les chiens de laboratoire de Pavlov salivaient en entendant une cloche qui annonçait l'arrivée du repas. Voici quelques conditionnements courants : le chien de famille salive et a faim à l'heure de son repas ; il est en colère à la vue d'un autre chien, après s'être bagarré avec des chiens ; il est de mauvaise humeur le soir ; il a une crise de panique au moment où les propriétaires dressent la table ; il craint et fuit son propriétaire à la suite de soins douloureux.

En thérapie, on utilise le conditionnement classique pour associer un événement à une situation agréable. Par exemple, on propose au chien qui est en colère contre les autres chiens une nourriture appétissante s'il détourne le regard. Après de nombreuses répétitions, cette association est synonyme de plaisir alimentaire.

Le conditionnement opérant ou instrumental

Le conditionnement opérant est une modification de la séquence comportementale volontaire en fonction de ses conséquences : les conséquences agréables augmentent l'incidence (fréquence, intensité) du comportement (renforcement), alors que les conséquences aversives en diminuent l'incidence (punition).

C'est la technique de base utilisée dans l'éducation du berger allemand : on récompense les comportements que l'on veut voir se produire plus souvent, on punit ceux que l'on veut voir disparaître. D'un point de vue éthique et pratique, la récompense est bien plus favorable que la punition, parce que la récompense apprend un nouveau comportement, ce qui n'est pas le cas de la punition. En effet, le berger allemand n'apprend pas à faire mieux de cette manière et, de plus, ce type d'apprentissage entraîne souvent une réaction agressive du chien, avec le risque d'escalade agressive de la part de l'éducateur, de maltraitance du chien et de la perte de la relation de confiance et d'amitié.

L'apprentissage par récompense est bien plus efficace. On récompense le berger allemand pour un « assis », un « couché », un rappel, pour qu'il donne la patte gauche ou droite, pour qu'il aille chercher un objet ou une peluche, qu'il aille dans son panier ou descende du divan… et cent autres ordres amusants, qui procurent au chien de l'activité et structurent ses comportements.

La récompense la plus efficace est un aliment appétissant (une friandise) pour un chien qui a faim, un jouet pour un chien qui aime jouer ou une caresse pour un chien qui a besoin d'affection. La récompense peut être remplacée par un code qui lui a été associé par conditionnement classique comme « bon chien » ou « bravo ».

Pour être efficace, la récompense doit apparaître immédiatement après le comportement à valoriser. Elle peut être désynchronisée du comportement si on utilise un pointeur. Par exemple, on a recours au « clic » d'un clicker en *clicker training,* qui a préalablement été associé avec la récompense réelle. Dans ce cas, on demande un « assis » à distance, le chien s'assied, on clique, le chien se relève, vient vers l'éducateur et reçoit la friandise.

On utilise le conditionnement opérant en thérapie, appelé aussi contre-conditionnement, pour apprendre au berger allemand un comportement nouveau et incompatible avec celui qu'il adoptait auparavant dans les mêmes circonstances. Par exemple, on demande au berger allemand qui attaque les chiens ou les passants de détourner le regard du chien ou de l'humain en question pour fixer son éducateur dans les yeux et, s'il le fait, il est récompensé.

Pour obtenir un nouveau comportement stable, il faut de 500 à 1500 répétitions.

L'imprégnation

L'imprégnation est ce processus d'apprentissage magique qui apparaît uniquement au cours de la période de socialisation primaire du chiot, de l'âge de 3 semaines à 3 mois. Pendant cette phase de son développement, le chiot identifie et intègre des catégories d'êtres et de choses et assimile des concepts, entre autres ceux d'identité, d'ami et d'étranger, de référence, des contextes connus et nouveaux. Pendant cette période, l'apprentissage est très rapide et est lié à l'organisation du cerveau en cartes et réseaux neuronaux.

L'imprégnation permet au chiot d'apprendre qu'il est un chien, de reconnaître ses amis et d'identifier quels sont les environnements dans lesquels il peut se sentir à l'aise et confiant. Si l'imprégnation est déficiente, le chiot peut ne pas savoir à quelle espèce il appartient, ne pas connaître les espèces amies et avoir peur ou attaquer ce qu'il ne connaît pas ou être anxieux dans les environnements dans lesquels il doit vivre.

L'apprentissage par imitation

Il y a apprentissage par imitation lorsque le berger allemand, après avoir observé une certaine séquence d'événements se déroulant pour un congénère (ou un autre individu) – comme l'apparition de stimuli, l'exécution d'un comportement, la distribution d'agents attractifs ou aversifs –, modifie ses propres comportements en présence des stimuli comparables.

C'est dire que l'apprentissage par observation nécessite une observation, une mise en mémoire, un décodage des séquences (y compris des causes, des motivations, des actes moteurs et des conséquences), une motivation de répétition et une reproduction motrice du comportement observé. Cette reproduction est imparfaite et s'améliore par essais et erreurs, et conditionnement opérant (renforcements et punitions). Pour qu'il y ait motivation, il faut que le berger allemand déduise que celui qu'il observe tire un bénéfice de ce comportement. L'ensemble de ce processus nécessite un niveau cognitif élevé sans pour autant exiger une prise de conscience.

Cet apprentissage se fait au quotidien. Par exemple, un chien en imite un autre ou imite le propriétaire et réussit à ouvrir des portes ou le réfrigérateur; il imite les destructions en l'absence du propriétaire, l'agression des passants, des chiens et des chats ou le rassemblement des moutons. Cet apprentissage est mis à profit pour les chiens de professionnels, par exemple dans la détection de la drogue: le chien est plus performant s'il a pu observer un adulte détecter de la drogue, alors qu'il était âgé de 3 mois.

L'apprentissage efficace

Pour un dressage efficace, utilisez le renforcement positif et l'humeur enjouée. Le berger allemand bénéficiera ainsi des meilleures conditions d'apprentissage possible.

La façon la plus simple et la plus rapide d'apprendre des trucs à son chien est de conditionner et de renforcer les comportements spontanés, et de façonner les séquences d'actes.

Par exemple, pour lui apprendre à obéir à l'ordre « assis », on observe son berger allemand et on attend qu'il s'asseye : lorsqu'il le fait, on en profite pour dire « assis » et le récompenser ; quelques répétitions suffiront pour que le chien comprenne ce code. Il en est de même pour tous les comportements simples : pour l'ordre « couché », on attend que le berger allemand se couche et on en profite pour dire « couché » et le récompenser ; une dizaine de répétitions suffisent pour un chien normal. On peut bien sûr faciliter la tâche au chien : si on tend un aliment au-dessus de sa tête, il va lever la tête et, souvent, s'asseoir ; on s'empresse alors de dire « assis » et de le récompenser. Pour l'ordre « couché », on présente l'aliment au chien et on le descend vers le sol ; s'il se couche, on dit « couché » et on le récompense. Il est préférable de ne pas toucher le berger allemand ; sinon, il risque de comprendre que le toucher fait partie de l'ordre, au lieu du simple code verbal.

C'est la même chose si le berger allemand doit apprendre à fixer son éducateur dans les yeux plutôt qu'un stimulus extérieur (chien, personne, joggeur, par exemple). Il suffit de lui présenter quelque chose d'appétissant devant la truffe et de l'orienter vers soi. Le berger allemand suit alors l'aliment du regard jusqu'à ce qu'il croise le regard de son éducateur. À ce moment précis, on donne l'ordre « regarde-moi » et on récompense le berger allemand.

Les troubles de l'apprentissage

Le berger allemand peut ne pas apprendre ou mal apprendre pour de multiples raisons. La plupart du temps, c'est parce que les techniques d'apprentissage de l'éducateur ne sont pas appropriées. Il suffit souvent d'utiliser le renforcement des actes spontanés avec une récompense pour obtenir des résultats rapides. Cependant, certains bergers allemands éprouvent des difficultés d'apprentissage :

- l'hyperactivité : le chien est vite distrait et ne peut se concentrer longtemps, mais il est souvent très intelligent ;
- la dépression : il n'est pas motivé à apprendre ;

- la peur et l'anxiété : il est distrait par des événements dans l'environnement qui lui font peur, mais il apprend bien dans un environnement familier et apaisant ;
- le manque d'intelligence ou la sénilité : les facultés d'apprentissage sont limitées ; il faut répéter davantage les conditionnements pour obtenir un résultat minimal ;
- la surdité ou la cécité : il ne perçoit pas les ordres donnés de façon traditionnelle. Il faut utiliser des ordres vocaux chez le chien aveugle et des ordres gestuels chez le chien sourd. Dans ce dernier cas, un collier vibrant muni d'une commande à distance peut être très utile pour attirer l'attention de l'animal.

Bien vivre avec son berger allemand

Comment choisir son berger allemand ?

La décision d'adopter un berger allemand est généralement un processus qui tient plus des émotions que de la raison, et c'est normal. Par contre, le berger allemand que l'on a est rarement celui que l'on rêvait d'avoir, mais peut-être est-ce celui que l'on doit avoir, puisqu'on apprendra beaucoup de choses à ses côtés. Il est toutefois possible d'augmenter ses chances d'obtenir le berger allemand de ses rêves. Mais commençons par le début.

Pourquoi avoir un chien ?

Qu'est-ce que j'espère de la présence d'un chien dans ma vie ? Quelles sont mes attentes ?

- Je cherche un compagnon : quelqu'un à qui parler, pour ne pas être seul.
- Je désire qu'il soit un compagnon pour mon enfant : quelqu'un avec qui il puisse jouer afin qu'il passe moins de temps devant la télé.
- Je désire une protection : pour me sentir en sécurité quand je suis seul à la maison ou en promenade et pour m'avertir lorsqu'il y a quelque chose d'inhabituel dans le voisinage.
- Je désire un partenaire pour des loisirs de plein air : jouer, me balader, faire du jogging, du vélo ou de l'équitation accompagné.
- Je désire un partenaire de sport : pour qu'il m'accompagne lorsque je fais du sport, ou bien pour lui faire faire du sport ou même de la compétition.

- Je désire l'affection inconditionnelle qu'un chien procure: par amour, par attachement, parce que je ne peux vivre sans chien, pour combler un manque.
- J'ai un but éducatif: apprendre à mes enfants des leçons de vie; que le chien serve d'objet transitionnel afin de faciliter le passage de la dépendance à l'autonomie à l'adolescence; leur apprendre le sens des responsabilités.
- Je désire m'engager dans des activités assistées par le chien, la zoothérapie, par exemple: pour faciliter l'insertion sociale d'un enfant handicapé, pour m'aider à améliorer ma relation de couple ou faciliter le deuil du chien que j'avais.
- Je désire faire du coaching facilité par l'animal: pour faciliter l'expression émotionnelle chez mes clients en coaching.
- Je désire avoir un chien de prestige qui témoigne de ma réussite: pour montrer que j'ai un chien et pas n'importe lequel, pour me faire valoir en compétition d'agility.
- Je désire un être d'attachement pour remplacer un être cher, enfant, parent, conjoint ou ami que j'ai perdu (parti ou décédé).
- Je voudrais un chien de famille qui soit en même temps un chien de travail.

Toutes ces motivations sont bonnes et elles influenceront directement votre choix. Mais il faut se demander s'il est possible d'avoir un chien de famille, de défense et de zoothérapie en même temps ou s'il vaut mieux avoir un chien différent pour chaque type d'activité.

Pourquoi maintenant?

Et pourquoi est-ce que je désire un chien maintenant?

- J'ai vu un chiot dans la vitrine d'une animalerie ou chez un ami et j'ai craqué; c'est tellement chouette, un chiot.
- J'ai longtemps réfléchi après la mort de mon chien et je pense que c'est maintenant le bon moment pour en avoir un autre.
- Mon chien vient de mourir et je ne peux pas vivre sans chien.
- Ma fille désire un chien depuis cinq ans et on lui a dit que ce serait son cadeau d'anniversaire pour ses 12 ans. Je croyais qu'elle l'oublierait, mais je veux respecter ma promesse, même si je n'ai pas envie d'avoir un chien maintenant.

Et quel est le bon moment pour se procurer un chien?

La présence d'un chien va changer ma vie

Le temps que l'on doit consacrer à un chien équivaut à 60 à 80% de la charge d'un enfant en bas âge. Il faut donc vous attendre à devoir changer votre routine et votre façon de vivre. Outre ses six sorties hygiéniques et sa longue promenade quotidiennes, il faut lui consacrer du temps afin qu'il se livre à des occupations ludiques et intéressantes. Un chien a besoin d'un minimum de 3 à 5 heures d'activités variées par jour, une partie de ce temps étant passé en interactions avec les propriétaires.

Outre le temps que vous devrez consacrer à votre berger allemand, vous devrez adapter l'espace de votre maison à ses besoins : il lui faudra un lieu pour dormir, pour ronger des objets et des os. Il a également besoin de se promener dans divers lieux : des parcs où il peut rencontrer d'autres chiens, des champs et des forêts, des bistrots et des restaurants accessibles, chez des amis qui acceptent de vous recevoir avec votre chien, etc.

De plus, le berger allemand va changer l'organisation familiale et aussi participer aux conflits familiaux. Il faudra déterminer, s'il y a lieu, qui va s'occuper de suivre les cours, parfois obligatoires, de promener le chien, de ramasser les déjections, de l'éduquer au quotidien, de faire les courses pour sa nourriture, de l'emmener chez le vétérinaire et au salon de toilettage. Qui s'occupera du berger allemand si vous vous mariez, si vous avez des enfants, si vous prenez votre retraite, si vous souffrez d'un handicap ou si vous mourez ?

Quel est le budget chien ?

Quelles dépenses implique l'adoption d'un chien ? Voici les coûts que vous aurez à envisager :

- achat de l'animal ;
- alimentation : aliments industriels ou faits maison, os, objets à mâcher (oreilles de cochon, os en cuir et autres) ;
- matériel : collier, laisse, panier, couverture, jouets, manteau et bottes ;
- assurances ;
- soins de santé : visites chez le vétérinaire, vaccinations annuelles, vermifuges, médicaments divers, opérations de convenance (stérilisation), soins vétérinaires en cas de maladie ou d'accident : radiographies, analyses de sang, etc. ;

- soins d'entretien : brosse, peigne, matériel de toilettage et salon de toilettage ;
- éducation : livres, éducateur, école de chiots, école d'écoute, dressage particulier, terrain d'agility, vétérinaire comportementaliste, congrès d'information et de formation, journées d'éducation pratique, gadgets éducatifs comme un collier brumisateur et autres ;
- vacances : chenil, billet d'avion, frais additionnels pour le logement (hôtel, chambre d'hôte), gilet de sauvetage si vous voulez qu'il vous accompagne en bateau, grille de séparation dans la voiture, etc. ;
- divers : matériel détruit (chambranles, fils, téléphone portable, etc.).

Le coût moyen annuel pour un chien de 20 kg est d'environ 1500 $ ou 1000 €, sans compter les frais d'acquisition et les interventions chirurgicales.

Comment choisir mon chien ?

Si la race a été choisie sur la base de critères esthétiques, ainsi que sur la taille, le pelage, la personnalité (pour les races de travail), il reste à choisir le sexe et l'âge du berger allemand au moment de l'acquisition, ainsi que le nombre de chiens.

Quel sexe choisir ?

Le chien mâle est plus agressif que la femelle. Il aime se bagarrer avec les autres mâles et marque souvent son territoire en urinant. La chienne est moins portée à se battre avec les autres chiennes, sauf au moment de ses chaleurs. Durant cette période, elle devient féroce. La chienne est un meilleur choix si vous avez des enfants, et les chiens stérilisés présentent moins de problèmes.

Combien de chiens ?

Le chien est un animal social ; il est programmé génétiquement pour être dépendant ; il ne supporte pas d'être seul. Alors, il est préférable qu'il ne vive pas seul. Le chien qui doit passer de 8 à 10 heures par jour seul dans un appartement subit un grand stress. On peut même affirmer qu'il souffre de maltraitance. Le chien a besoin de la compagnie d'un être de référence, que l'on appelle un « être d'attachement apaisant », que ce soit un humain, un chat, un chien ou, s'il vit dehors, une chèvre ou un cheval. Il est judicieux d'adopter plusieurs chiens, par exemple plusieurs chiots en même temps. Mais adopter plusieurs chiens signifie aussi que vous devrez leur consacrer plus de temps. Et quand on a plusieurs chiens et que des problèmes comportementaux apparaissent, ils sont généralement multipliés : plus de destructions, plus de vocalises, plus de plaintes.

Quel âge doit avoir le chien au moment de l'adoption ?

Il n'y a pas d'âge idéal pour adopter un chien.

Un chiot doit avoir des contacts avec sa mère et sa fratrie de 6 semaines à 4 mois ; il vit sa période d'imprégnation à son espèce et à d'autres espèces et environnements « amis » jusqu'à l'âge de 3 mois, en moyenne. Dès lors, l'âge d'adoption serait de 4 mois si l'éleveur offre une socialisation primaire enrichie, mais de 6 à 8 semaines si l'acquéreur veut ou doit réaliser lui-même cette socialisation primaire.

Si on choisit d'adopter un chien adulte, il est préférable de l'adopter après la période de désocialisation pubertaire, une fois que sa personnalité se sera affirmée.

Dans le cas d'un chien qui provient d'un chenil ou d'une société de protection animale, il ne révélera sa vraie personnalité que 3 semaines à 3 mois après l'acquisition.

Quels sont les critères comportementaux et sanitaires de sélection ?

La sélection d'un chiot

La plupart de ceux qui adoptent un chiot choisissent celui qui vient spontanément vers eux. Ce choix émotionnel peut être tempéré par quelques arguments logiques.

Il est préférable de sélectionner le chiot en se basant sur sa personnalité et son esthétique, et sur celles de ses parents. Une fois adulte, le chiot ressemblera à ses parents ; c'est pourquoi il faut tenir compte des ascendants (parents, grands-parents) relativement à la morphologie et à l'esthétique, aux émotions et aux humeurs, ainsi qu'au besoin d'activité. Un chiot bien équilibré mais dont les parents sont craintifs ou agressifs peut très bien devenir lui aussi anxieux et agressif entre la puberté et l'âge adulte, quand sa personnalité définitive s'affirmera. Un chiot apparemment calme dont les parents sont hyperactifs deviendra très probablement hyperactif. Un chiot dont les parents sont des chiens de travail (défense, chasse) est souvent inadéquat comme chien de famille et il présente souvent des problèmes de comportement.

Les tests de sélection

Même si le chiot doit être examiné par un vétérinaire dans les 48 heures suivant son acquisition, il est prudent de vérifier quelques paramètres de santé : bonne vitalité générale, absence de rougeurs et d'écoulements au niveau des yeux, bonne coaptation des dents, fermeture de la fontanelle, absence de hernie à l'ombilic, présence des deux testicules chez le mâle, pas de souillures aux organes génitaux ni à l'anus.

On vérifiera aussi si le chiot est compétent sur le plan sensoriel : réaction lorsqu'on le touche et on le pince, réaction auditive au claquement des doigts ou des mains, réaction et poursuite visuelle d'un objet en mouvement, retournement si le chiot est placé sur le dos.

Sur le plan psychologique, il y a quelques critères que l'on peut contrôler facilement :

- Le chiot qui doit devenir un chien de famille ne devrait être ni craintif ni agressif quand on s'approche de lui, le touche ou le retourne sur le dos. Pour le chien de défense, on acceptera des réactions agressives, mais sans réactions de peur. Le chiot qui grogne, hurle et élimine lors de ces manipulations simples devrait être rejeté, car il deviendra craintif et agressif.
- Le chiot devrait accepter l'isolement si on lui offre une activité intéressante (par exemple, manger ou ronger un os).
- Si on provoque un chiot avec un chiffon ou une corde et qu'il attrape l'objet, tire et refuse de lâcher, il y a de bonnes chances qu'il soit un bon chien de défense.
- Le chiot rapporte déjà des objets dès l'âge de 8 semaines, et ce comportement persiste.

La sélection d'un chien adulte

Il est très difficile de sélectionner un chien adulte dont on ne connaît pas les parents ni les antécédents historiques. Le chien s'adapte à son milieu de vie et révèle ses potentiels lorsque l'environnement le permet. Les chiens qui proviennent d'un chenil et d'un refuge ont rarement l'occasion d'exprimer leur vraie personnalité en raison des contraintes d'espace, car ils sont généralement confinés à leur cage, et des contraintes sociales, car ils ont peu de contacts sociaux avec divers types de personnes. Les quelques tests comportementaux conçus pour les chiens adultes sont peu fiables. De plus, l'historique des chiens qui proviennent d'un refuge est souvent mensonger, la plupart de ces chiens ayant été abandonnés parce qu'ils présentaient des problèmes de comportement qui ont été cachés au personnel de la société de protection animale.

L'acquisition

Adopter un chien comporte des droits et des obligations. Il y a habituellement une garantie que le chien est en bonne santé et le propriétaire a une période de temps limitée pour faire examiner l'animal par un vétérinaire et le retourner s'il souffre de maladie ou de malformations. De plus, le propriétaire s'engage à entretenir et à nourrir l'animal, à ne pas le maltraiter. Il s'engage à assurer la sécurité des personnes avec qui le chien sera en contact et à respecter les règles de sécurité, entre autres en le maintenant en laisse et en respectant les règles de la propreté en ramassant ses déjections sur la voie publique, et en lui laissant une liberté conditionnelle dans les lieux où cela est autorisé.

Les documents à conserver

Il est recommandé d'obtenir et de conserver les documents suivants :

- le contrat de vente et d'achat, spécifiant l'accord entre le vendeur et l'acheteur, précisant les caractéristiques du chien, son âge, les garanties et les demandes particulières de l'acquéreur ;
- la facture comprenant le montant payé et le reçu du paiement ;

- le pedigree (optionnel), souvent donné ultérieurement ;
- les documents d'identification du chien, s'il y a lieu, avec le numéro de tatouage ou de transpondage ;
- le carnet de vaccination éventuel, comprenant la signature du vétérinaire ;
- les informations et les conseils du vendeur sur les caractéristiques de la race du chien, ses besoins, l'alimentation recommandée (optionnel).

L'acquéreur prendra contact avec son courtier d'assurance pour faire ajouter le chien à sa police d'assurance habitation au chapitre de la responsabilité civile. Dans certains pays, il est possible de souscrire à une assurance santé qui rembourse les frais de vétérinaire.

Visite de contrôle et problèmes potentiels

Selon le pays, l'acquéreur a un ou deux jours pour faire examiner son chien par un vétérinaire afin de s'assurer qu'il est en bonne santé et qu'il n'a pas de malformations. Les problèmes potentiels ne sont pas limités aux déficiences morphologiques, mais également aux problèmes comportementaux observables : peur, anxiété et agressivité, entre autres.

Où me procurer un chien ?

Il existe plusieurs endroits où l'on peut acquérir un chien :

- le particulier dont la chienne de famille s'est fait couvrir : le chien peut être de race ou bâtard ; si le chiot a grandi au sein de la maisonnée, il peut avoir une excellente imprégnation ;
- le particulier qui doit se départir de son chien pour différentes raisons : voyages, maladie, décès ;
- l'éleveur amateur ou professionnel : le chien a un pedigree qui garantit qu'il est bien de race ; il faudra observer les parents afin d'avoir une idée du tempérament qu'il aura plus tard, après l'adolescence, et de connaître les conditions de son imprégnation ;
- l'animalerie : ce commerçant importe, rassemble en lots et distribue des chiens de race ou non, avec ou sans pedigree. Mais il est impossible de connaître la génétique de ces animaux et les conditions d'imprégnation ;

- la SPA (Société protectrice des animaux) qui recueille les chiens non désirés, trouvés ou saisis ; elle est propriétaire du chien qu'elle place en adoption. La génétique et l'imprégnation sont inconnues ; le chien a une histoire partiellement connue, souvent mensongère ;
- l'association de chiens d'aide, par exemple les chiens-guides pour aveugles, offre en adoption un chien âgé de 1 ou 2 ans, *a priori* bien socialisé et éduqué, mais qui n'a pas réussi ses tests d'aptitude ou un chien qui arrive à l'âge de la retraite.

L'organisation sociale

Le chien a besoin d'un coach plus que d'un maître dominant

Contrairement aux idées véhiculées depuis des années, le chien ne vit pas spontanément en hiérarchie de dominance. Cela ne signifie pas qu'il n'y ait pas d'organisation sociale, puisque vivre en groupe entraîne des conflits et nécessite une organisation pour éviter les frictions et les combats incessants. Le chien intelligent recherche le plaisir et évite le déplaisir, il fuit donc les conflits dont l'issue est déplaisante. Chaque chien établira dans la meute ou dans la famille où il vit ses rituels et ses routines, et respectera certaines règles sociales pour maintenir son bien-être.

Le chien de famille est forcé de respecter les règles de la structure familiale qui lui sont imposées ; ces règles dépendent des croyances des propriétaires. La plupart des humains vivent dans des groupes hiérarchisés ; l'homme revendique le pouvoir de décision et d'autorité, dès lors le chien n'a plus qu'à s'y soumettre et, surtout, à ne pas revendiquer d'autonomie. Cela crée des conflits avec les chiens qui revendiquent un minimum d'autorité, de liberté et d'indépendance. Le chien est habituellement obligé de vivre avec les trois règles suivantes : dépendance, soumission, fraternité. Cela est irrespectueux pour le chien.

Comme le chien ne vit pas spontanément en hiérarchie de dominance, il est inutile de se transformer en maître autoritaire pour bien vivre avec lui.

Ainsi, ce n'est donc pas le manque d'autorité du propriétaire qui est la source des problèmes d'obéissance ; c'est une question de technique et de motivation, rien d'autre. Le chien n'a pas vraiment besoin d'un maître, même si l'humain est propriétaire du chien ; il a plutôt besoin d'un guide et d'un coach, qui va structurer sa vie et l'enrichir.

Les structures sociales spontanées du chien

Dans un groupe social, le chien respecte des structures selon quelques règles élémentaires :

- rester à proximité d'un être de référence (figure d'attachement, individu sécurisant, partenaire de jeu, être intéressant) ;
- rechercher le plaisir et éviter le déplaisir.

Ces deux obligations vont façonner tous les comportements sociaux du chien, quel que soit le groupe dans lequel il évolue. Dans la famille, le chien va donc essayer de se trouver le maximum de ressources : confort, aliments et jeux, et défendre ces « richesses » s'il en a les moyens psychologiques et physiques en ayant recours à son assertivité et à son agressivité, ainsi qu'à sa force et à sa puissance, en face d'un adversaire éventuel dont les moyens psychologiques et physiques ont été évalués par expérience.

L'organisation sociale dépendra donc des motivations de chaque membre du groupe et des résultats des expériences de gestion des conflits sur des ressources limitées. Un chien qui a gagné des conflits grâce à son agressivité se montrera enclin à être plus agressif pour garder ses ressources privilégiées ; celui qui a perdu les conflits se montrera évitant lors des conflits futurs.

Le chien challenger revendicateur

Le chien challenger est un cas particulier selon les règles de l'organisation sociale spontanée. C'est un chien dont la motivation à revendiquer des ressources et du pouvoir tient de l'obsession. Quel que soit le groupe social, quel que soit le nombre de conflits gagnés ou perdus, le chien challenger est revendicateur ; il veut toujours plus de tout et ne supporte pas la contrainte ni les manipulations. C'est un chien qui s'insère mal dans les familles traditionnelles ; mais c'est un animal qui peut être très intéressant pour un éducateur expert. Quoi qu'il en soit, voilà un chien qu'il faut coacher sans arrêt et à qui on doit donner des occupations structurantes.

La place du berger allemand au sein de la famille

Le berger allemand est un membre à part dans la famille. On le considère tantôt comme un enfant, tantôt comme un frère ou un ami. En tant que membre de la famille, il s'insère dans la dynamique familiale et son organisation. Il peut devenir une source de conflit, par exemple dans la détermination des rôles et des responsabilités des humains face à lui. Qui va s'occuper du berger allemand : le sortir, l'éduquer ? Qui va payer pour sa nourriture et ses jouets ? Qui va prendre les responsabilités en cas de problème, de morsure ? Le berger allemand est aussi une source de bonne entente et d'alliance entre les divers membres de la famille.

Comment jouer avec mon berger allemand ?

Le jeu est une activité de plaisir et un signe de santé. Le chiot peut passer 90 % de son temps éveillé à jouer. Le berger allemand adulte joue quand il en a le temps, lorsqu'il ne travaille pas. Le jeu est un exutoire au manque d'activité et un signe de bonne santé émotionnelle chez le chien.

Le chien, cet animal social, joue peu seul, à part chercher des aliments et mâcher. Le chien de famille joue en général avec les autres chiens et avec les humains. Tous les jeux sociaux sont recommandés. Certains sont plus populaires auprès des chiens de famille, d'autres auprès des chiens de travail. Il est préférable de ne pas encourager le chien de famille à mordre, il faut donc éviter les jeux de traction sur des cordes et des objets.

Les jeux de combat

Les humains et les chiens jouent parfois à se battre, s'empoignant et se roulant sur le sol ; le chien fait mine de mordre ; l'homme attrape le chien et le pince au cou sans lui faire mal et repousse sa tête ; des prises de catch et de lutte s'ensuivent.

Ce jeu est plus fréquent avec les hommes qu'avec les femmes.

Les jeux de poursuite et de capture

Le chien vient provoquer un humain, prenant la posture d'appel au jeu, ou c'est l'humain qui se penche en avant de façon répétée et brusque, excitant le chien. Le chien s'enfuit alors, suivi de l'humain qui le poursuit. Le chien fait des cercles autour de l'humain, revient vers lui ; l'humain essaie de l'attraper, le chien s'échappe.

Les jeux de rapport

Le jeu le plus fréquent entre humains et chiens est le rapport d'objet. L'homme lance un morceau de bois, une balle ou un Frisbee et le chien va chercher l'objet et le rapporte. Certains chiens sont des rapporteurs-nés et le jeu est autorécompensant ; pour d'autres, le rapport doit être encouragé (façonné) et le chien récompensé d'une friandise, par exemple quand l'objet est rapporté et déposé par terre ou dans la main.

Pour les chiens qui recherchent un objet à grande distance, il y a des lance-balles. Pour les propriétaires paresseux et en l'absence des propriétaires, il existe des lance-balles automatiques.

Ce jeu peut donner lieu à des compétitions de capture à distance : chaque joueur lance à trois reprises un objet, une balle, un jouet, un Frisbee ou un sac de grains muni d'une corde à son chien et celui-ci doit l'attraper en vol avec sa gueule ou entre ses pattes. Le lancer le plus long gagne.

Les jeux de compétition pour un objet

L'homme taquine le chien avec un bâton, une corde ou un autre objet ; le chien tente de l'attraper, le mord, le tient et le tire ; chacun tire de son côté ; le chien peut grogner, mais c'est du théâtre. Chacun essaie de gagner l'objet. Le jeu s'arrête un moment quand un des deux joueurs a saisi l'objet, puis il recommence.

Les jeux locomoteurs

Il s'agit simplement de faire faire des mouvements à son chien : slalomer, sauter en hauteur, dans un cerceau, ramper, ce qu'on appelle le *ramping,* contourner des obstacles, passer dans un tunnel, marcher sur une planche d'équilibre, etc. Tous ces exercices peuvent être faits dans la maison ou à l'extérieur. Ce sont des exercices qu'on appelle d'agility. L'agility est un sport canin et des concours sont organisés.

Voici quelques exemples d'obstacles faciles à placer dans un appartement :

- une chaise droite debout ou retournée invite à plusieurs exercices : contourner, ramper, sauter par-dessus, monter sur le siège ;
- un tapis enroulé devient un tunnel à traverser ;
- une échelle déposée sur le sol devient un obstacle où mettre les pattes avec précaution ;
- des pots de fleurs deviennent des obstacles à contourner ;
- une porte bloquée par une chaise basculée sur le côté ou par une serviette tendue d'un cadre à l'autre devient un obstacle pour des sauts en hauteur et même en longueur.

Les jeux cognitifs

L'homme propose au chien des jeux simples, comme la recherche de nourriture cachée, ou des jeux de réflexion plus complexes, comme reconnaître des formes et des symboles.

Les jeux de cirque

Ce sont simplement des jeux d'obéissance un peu poussés dans lesquels le chien fait des prouesses, comme tenir une balle en équilibre sur son nez, traverser un cerceau ou des bras disposés en cerceau, etc.

La recherche de nourriture cachée

Il suffit de cacher un peu de nourriture que le chien va découvrir grâce à son flair remarquable :

- sur une surface de gravier où la friandise est camouflée ;
- dans une pièce sombre ;

- dans un objet creux comme un Kong®, ou un autre objet en caoutchouc ;
- sous un tapis, dans une couverture repliée ;
- dans une bouteille de plastique que le chien doit éventrer ;
- dans une boîte en carton que le chien doit ouvrir ou déchirer ;
- dans des boîtes gigognes en carton : une petite boîte est cachée dans une boîte plus grande ; augmentez progressivement le nombre de boîtes ;
- sous un pot ou une passoire en plastique ou en carton que le chien doit soulever ;
- dans une bassine d'eau où le chien doit plonger la tête pour saisir l'aliment, de la viande ou du fromage, de préférence.

Le jeu peut être un peu plus élaboré :

- le chien doit choisir entre plusieurs pots ou passoires retournés celui où se cache de la nourriture ;
- vous pouvez trouver dans le commerce une gamelle avec des tiroirs à clapets (type Aïkiou®) que le chien doit ouvrir en grattant afin d'avoir accès à sa nourriture.

Les jeux de discrimination

La discrimination consiste à distinguer des objets les uns des autres. Le chien fait facilement la différence entre ses propriétaires, entre les humains et les chiens, entre les chiens et les chats, mais il peut aussi reconnaître des objets, et même des symboles, et les classer par catégorie :

- les formes : des peluches animales comme l'ours, le chat, la girafe, le singe ; des cubes, des sphères, etc. ;
- les couleurs : une peluche noire, blanche ou bleue ; une balle jaune, verte, blanche ; un cube blanc, bleu ou vert, etc. ;
- les symboles : un cercle, un carré, un triangle ou une étoile dessinés sur des balles de tennis identiques, etc. ;
- l'odeur : une odeur de viande ou d'huile imprégnée sur du papier essuie-tout ; l'odeur des mains de madame et de monsieur sur leurs clés ou un objet semblable tenu dans la main.

Il y a plein d'autres jeux de discrimination possibles. À vous d'imaginer !

Les jeux de société

Il y a de nombreux jeux auxquels les humains peuvent jouer en groupe avec leurs chiens.

Voici deux exemples :

- La chaise musicale : dans cette variation de ce jeu de société, les joueurs se promènent avec leur chien autour des chaises (une de moins que le nombre de joueurs). Quand la musique s'arrête, chaque joueur donne l'ordre verbal ou visuel « assis-reste » à son chien qui est en périphérie du local ou derrière une ligne, sans lui toucher ; ensuite, il va s'asseoir sur une chaise. Le joueur qui n'a pas de chaise essaie de distraire les chiens, sans dire leur nom ni les toucher. Si un chien se lève, son éducateur quitte sa chaise pour le remettre à sa place. Quand toutes les chaises sont occupées et que les chiens sont en position « assis-reste », le joueur sans chaise et son chien sont éliminés. On enlève une chaise et le jeu reprend.
- La danse avec chien, l'obérythmé : chaque joueur réalise une chorégraphie unique et originale de 3 minutes avec son chien devant des juges qui accordent des points pour les aspects techniques et artistiques. Il y a désormais des compétitions de danse avec chiens.

Le berger allemand et l'enfant

La plupart des chiens de compagnie vivent dans des familles où il y a des enfants. Le berger allemand peut être une découverte, un ami pour l'enfant, mais il peut également représenter un danger.

Le chien et l'enfant

Le berger allemand n'a pas de prédisposition génétique à aimer les enfants.

Pour le berger allemand, un enfant est *a priori* soit une espèce qui se chasse, et alors on le poursuit et on le capture, soit une espèce dangereuse, et alors il faut en avoir peur. Il n'y a rien qui, génétiquement ou biologiquement, prédispose un chien à être l'ami d'un enfant ; le gène de l'amitié n'existe pas. Le berger allemand peut apprendre que l'enfant fait partie des espèces ou des types « amis », surtout pendant la période d'imprégnation ou de socialisation primaire. Le berger allemand va élaborer des cartes cognitives correspondant à chaque type morphologique d'enfant, à chaque âge, à chaque couleur, mais aussi à un mouvement horizontal lorsque le bébé se déplace à quatre pattes vers l'âge de 7 mois, à un mouvement vertical lorsqu'il commence à marcher, vers l'âge de 12 mois, et à des mouvements coordonnés ou non coordonnés. Idéalement, pour intégrer le concept d'enfant, le chiot devrait avoir eu des rencontres fréquentes, ludiques et agréables, avec au moins sept types d'enfants durant sa phase de socialisation primaire.

Le berger allemand peut apprendre à aimer ou à détester les enfants

Le berger allemand peut se montrer un ami fidèle pour l'enfant, mais à plusieurs conditions :

- si le berger allemand a été bien socialisé aux enfants (de différents types) et a continué à avoir des rencontres fréquentes et positives avec eux ;
- si chaque rencontre avec un enfant a été agréable et non désagréable ;
- si le berger allemand n'a pas une tendance évitante, c'est-à-dire peu sociable et prédisposé à souffrir de phobies sociales ;
- si le berger allemand a un tempérament sociable et s'il est en contrôle de ses mouvements et de ses morsures grâce à un apprentissage adéquat ;
- si le berger allemand n'a pas de sautes d'humeur et n'est pas placé dans une situation de stress ingérable.

Cela fait beaucoup de « si », mais ces caractéristiques sont nécessaires pour une amitié enfant-chien sécuritaire.

Par contre, il existe certaines conditions qui indiquent que le berger allemand ne sera pas un bon copain pour l'enfant :

- le berger allemand est (biologiquement) évitant et peu sociable ;
- le berger allemand n'a pas été imprégné et socialisé aux enfants dans son jeune âge ;
- la socialisation n'a pas été poursuivie par des expériences positives ;
- le berger allemand a subi des expériences aversives avec des enfants ;
- le berger allemand est systématiquement écarté quand l'enfant est présent. Cette situation génère une frustration sociale pour le chien.

Il est plus fréquent d'avoir une situation non idéale qu'une situation idéale ; cela explique en grande partie pourquoi de nombreux enfants se font mordre par un chien.

Les comportements spécifiques du berger allemand avec l'enfant

Le berger allemand se comporte avec un enfant comme il le ferait avec un adulte. On n'observe pas de comportements spécifiques. Toutefois, l'enfant étant plus enjoué que les adultes, le chien joue volontiers avec lui. On observe parfois une chienne qui adopte des comportements protecteurs envers un bébé humain, comme s'il s'agissait de son chiot. On observe aussi des chiens qui défendent l'enfant de la famille contre un étranger qui s'en approche, et des chiens qui ne réagissent pas aux mauvais traitements qu'un enfant leur inflige, mais ces comportements ne constituent pas des règles générales.

Le berger allemand et le nouveau-né

Dans la plupart des familles aujourd'hui, on adopte un chien avant d'avoir un bébé. Le bébé vient après le chien. Comment faire pour que le berger allemand accepte le bébé ? Idéalement, il faudrait que le berger allemand ait été socialisé aux enfants, y compris aux bébés, et que cette socialisation ait été entretenue, au risque de voir apparaître des comportements de peur ou de prédation.

De plus, pour que le berger allemand accepte le bébé, il est important que la présence du bébé soit associée à un plaisir et non à un déplaisir. Comment y arriver lorsqu'on sait qu'un bébé demande que ses parents lui consacrent pratiquement tout leur temps et qu'ils n'en ont dès lors plus guère pour s'occuper du chien ? Voici quelques mesures à prendre pour faciliter cette transition. Pendant la grossesse, diminuer le temps d'attention que l'on consacre au chien et le remplacer par des activités que le berger allemand peut faire seul, par exemple toutes les activités masticatoires. Quand le bébé est né, on donne davantage d'attention au berger allemand lorsque le bébé est présent et moins lorsque le bébé est absent. De cette façon, le bébé est associé à un surcroît d'attention et non l'inverse.

Au moment de l'accouchement, pendant que la mère est à la maternité avec son bébé, son conjoint peut ramener des langes et des vêtements sales à la maison. Inutile de les montrer au chien, son odorat fera le nécessaire pour qu'il s'habitue à cette nouvelle odeur qu'il associera plus tard à la présence de l'enfant.

Le berger allemand et le chat

Les chiens et les chats ne sont pas programmés par la nature pour cohabiter et se comprendre, mais ils peuvent néanmoins arriver à vivre ensemble et à se respecter, voire à s'apprécier.

La socialisation mutuelle durant le jeune âge permet au chien et au chat de reconnaître l'autre comme un partenaire social ; cette socialisation est limitée aux types (couleur, format) de chats ou de chiens rencontrés et n'est pas généralisable à l'espèce ; et elle doit être entretenue pour être efficace. D'autre part, un chat qui se met à courir est un déclencheur du patron-moteur de poursuite du chien, et cette activité est plus motivante que l'inhibition de chasser liée à la reconnaissance sociale. Alors, même lorsque les chiens et les chats sont bien socialisés, leur entente est souvent limitée aux lieux où le chat ne court pas, c'est-à-dire dans la maison, alors que dans le jardin, ce respect n'existe plus. Si le chien n'est pas socialisé aux chats, le risque de poursuite, de capture et de mise à mort du chat est important.

La réciproque peut aussi exister, quoique plus rarement. Certains chats très assertifs peuvent attaquer les chiens, quelle que soit leur taille. Un grand chat pourrait aussi chasser un chien de race naine, particulièrement un chiot, et le tuer. La plupart des blessures sont le fait d'un chat qui se défend contre un chien qui le harcèle et qu'il griffe au visage, touchant parfois les yeux.

Que puis-je apprendre à mon berger allemand ?

L'éducation pratique consiste à apprendre à son chien une série de codes auxquels il va répondre, comme « assis », « ici » et « couché ». Répondre à des commandes simples permet au propriétaire de contrôler son chien et de le sécuriser, et procure au chien une activité intellectuelle. Inutile d'être dur et de le punir, tout peut s'apprendre de façon amusante.

Le principe d'apprentissage le plus simple est le conditionnement associatif et opérant, qui a déjà été exposé dans le chapitre sur les apprentissages. Il s'agit de prononcer un mot qui devient un code (associer) quand le chien accomplit une action volontaire et de le récompenser comme s'il avait obéi. Pour apprendre au chien à se coucher à la demande, on attend qu'il se couche spontanément, on dit le mot « couché » (code) et on le récompense. Une dizaine de répétitions suffisent pour les chiens d'intelligence moyenne.

On apprend ainsi à son berger allemand : « assis », « couché », « debout », « fais le beau », « patte gauche », « patte droite », « *high five* », c'est-à-dire taper dans la main levée à la verticale, « *low five* », c'est-à-dire taper dans la main à l'horizontale, « paume vers le haut », « roule sur le dos », « fais le mort », « passe entre les jambes », « saute sur le fauteuil », « descend du fauteuil », « rapporte », « donne », etc. La seule limite est le nombre d'actions spontanées que le berger allemand peut accomplir. Quand le chien ne répond pas spontanément à ce que l'éducateur désire, on l'éduque dans l'action. Par exemple, on appâte le chien : pour qu'il se redresse à partir d'une position assise, il suffit de lui mettre un appât devant la truffe et de le lever au-dessus de sa tête. En essayant de l'attraper, le chien va relever le corps ; vous dites alors « fais le beau ». En levant l'appât un peu plus haut, le chien se lève sur les pattes postérieures ; vous dites alors « fais le grand beau ».

Les maladies du chien

Les connaissances nécessaires pour l'établissement du diagnostic et le traitement des maladies chez les animaux s'acquièrent au cours d'études en médecine vétérinaire. Ce chapitre donne un aperçu des pathologies qui touchent le plus souvent les chiens. Pour tout renseignement complémentaire concernant le diagnostic et les traitements, communiquez avec votre vétérinaire.

Les maladies infectieuses et les vaccinations

Les maladies infectieuses sont causées par des virus, des bactéries et des champignons. Ces maladies sont contagieuses.

Il n'existe pas de traitement antiviral courant pour le chien. Les virus sont donc combattus par la vaccination préventive et par le traitement des symptômes à l'aide de méthodes qui stimulent le système immunitaire, en ayant par exemple recours à des sérums et à l'homéopathie. Les maladies bactériennes sont combattues à l'aide d'antibiotiques et les champignons sont traités avec des antimycotiques.

Quelques maladies infectieuses courantes

La maladie de Carré

Le virus responsable de la maladie de Carré est un paramyxovirus. Ce virus infecte presque tous les organes, produisant un ou plusieurs des symptômes suivants : fièvre, catarrhe oculaire et nasal, bronchopneumonie, diarrhée et vomissements, et problèmes neurologiques. Le chien qui en guérit peut présenter des séquelles comme l'épilepsie, des tics musculaires ou la disparition de l'émail des dents.

Cette maladie, qui est devenue rare, peut être prévenue grâce à la vaccination.

La leptospirose

Le leptospire est une bactérie qui peut infecter le chien, l'homme et de nombreuses espèces animales, notamment les rats qui contaminent les étangs et les rivières. Les symptômes de cette maladie sont les suivants : gastroentérite hémorragique, hépatite avec ictère (jaunisse) et atteinte rénale grave (néphrite). La maladie peut être mortelle si elle n'est pas traitée précocement. Il existe un vaccin dont l'efficacité est réduite.

L'hépatite contagieuse

L'adénovirus de type I produit les symptômes suivants : fièvre, gastroentérite, atteinte des ganglions, conjonctivite et hépatite.

La guérison est fréquente, sauf dans les élevages et chez les jeunes chiots.

La parvovirose

Le parvovirus provoque des vomissements et une diarrhée hémorragique, avec déshydratation et œdème cardiaque, qui entraîne fréquemment le décès dans un intervalle de quelques heures à quelques jours. Cette maladie est très contagieuse. Elle peut être prévenue grâce à la vaccination.

La rage

Le rhabdovirus, inoculé par la morsure d'un animal enragé, entraîne une encéphalomyélite mortelle, caractérisée par des modifications du comportement et la paralysie. La maladie étant transmissible à l'homme par morsure et mortelle, des mesures légales sont prises dans tous les pays afin de l'éradiquer.

La toux de chenil

Cette trachéo-bronchite, accompagnée d'angine et de conjonctivite, compliquée parfois de pneumonie, se retrouve le plus souvent dans les endroits où les chiens vivent en groupe : chenils, écoles d'éducation canine et autres. Elle est attribuable à plusieurs virus, le parainfluenza SV 5, l'adénovirus I et II, l'herpès et le réovirus I, par exemple, ainsi qu'à une bactérie, *Bordetella bronchiseptica.* La maladie est rarement mortelle, mais peut durer longtemps : de 3 à 6 semaines. On peut la prévenir partiellement grâce à la vaccination.

La vaccination

La vaccination est devenue une pratique courante. Pour certaines maladies, comme la rage, elle est même obligatoire dans certaines régions ou pour voyager à l'étranger. Chaque vétérinaire établit son protocole de vaccination suivant le risque d'infection et les vaccins utilisés.

Généralement, on effectue une première vaccination chez des chiots âgés de 6 à 8 semaines, avec un ou deux rappels à 1 mois d'intervalle, ainsi qu'à l'âge de 1 an. Ensuite, on vaccine tous les ans ou tous les 2 ans. De nombreux vaccins sont combinés, donc injectés au même moment. En milieu infecté, les vaccins des jeunes chiots peuvent être répétés toutes les 2 semaines. Chaque vaccination est précédée d'un examen général et seuls les animaux sains sont vaccinés.

Les maladies parasitaires

Il existe des parasites externes et des parasites internes. Certains parasites externes peuvent transmettre des parasites internes.

Les parasites externes

La puce

La puce (*Ctenocephalides felis*) est un parasite ubiquitaire – c'est-à-dire présent un peu partout dans l'environnement – du chien et du chat. La puce adulte vit sur le chien, y prend ses repas et pond ses œufs dans le milieu extérieur (jardin, dépôts de bois et autres endroits), mais aussi sous les meubles, dans les parquets, les moquettes, même dans la voiture et dans les ordinateurs ! Seul le gel a raison d'elle ; mais dans la maison, il ne gèle jamais.

La femelle pond de 4000 à 6000 œufs. L'œuf résiste à presque tout traitement et attend pour éclore entre 1 semaine et 1 an. La larve est un minuscule asticot qui se transforme en nymphe. Celle-ci vit dans un cocon. Le cocon est résistant à tout. La larve sort du cocon lorsque des vibrations trahissent la présence d'un être vivant et lorsque la température passe du froid au chaud au printemps, mais aussi lors de la mise en route du chauffage à l'automne.

La puce pique pour absorber du sang. Sa salive est irritante et provoque des démangeaisons. Le grattage et le léchage génèrent de multiples lésions. Les chiens sensibles peuvent devenir allergiques à la salive de la puce, souffrant d'une dermatite très prurigineuse et extensive, débutant à la base du dos.

La puce du chien et du chat peut attaquer l'être humain, mais ne vit pas sur lui ; elle mord spécialement au niveau des avant-bras, des jambes et du tour de taille. Les démangeaisons sont extrêmes et de longue durée.

La prévention passera par l'usage d'insecticides tant sur le chien que dans le milieu environnant.

La puce est l'hôte intermédiaire d'un ténia (*Dipylidium caninum*). L'ingestion d'une puce infestée entraîne le téniasis, une maladie très courante.

La tique

Cet acarien se gorge de sang. La femelle a la capacité de distendre son estomac et de passer de 0,5 cm à plus de 1 cm de long. Ce volumineux repas dure de 3 à 5 jours. Ensuite, la femelle se laisse tomber sur le sol et pond jusqu'à 5000 œufs, puis elle meurt. Les larves grimpent sur des arbustes ou sur des murs et se laissent tomber sur le chien (ou l'humain) qui passe à proximité.

La tique plante son rostre dans la peau, injecte de la salive qui va dissoudre les tissus et provoquer de l'inflammation, donnant naissance à une pustule ; elle perce un petit vaisseau pour boire du sang.

L'utilisation d'insecticide, d'huile (pour boucher les pores respiratoires à la base du rostre) permettra d'enlever la tique aisément. Mais si le rostre n'est pas parti, ne vous inquiétez pas, il s'éliminera avec l'ouverture de la pustule. Quoi qu'il en soit, il restera un nodule dur pendant plusieurs semaines.

La tique transmet la piroplasmose et la borréliose, mieux connue sous le nom de « maladie de Lyme » ; une tique appelée *Rhipicephalus* transmet une coccidie, l'*Hepatozoon.*

L'utilisation de colliers qui contiennent des insecticides à dépôt continu ou de pipettes à activité rémanente permet de prévenir l'infestation de tiques.

Le pou

Il existe des poux mallophages – mâcheurs ou broyeurs – et des poux piqueurs. Les uns et les autres sont très irritants et entraînent une dermite prurigineuse. Les œufs, appelés « lentes », sont collés sur le poil, permettant un diagnostic aisé. Un insecticide en vient rapidement à bout.

Le trombidion

L'aoûtat est la larve d'un minuscule acarien, le trombidion. L'aoûtat mesure 0,25 mm et se nourrit de peau et de lymphe, attaquant tous les animaux à sa portée, y compris les humains. Les chiens sensibles souffrent de terribles démangeaisons, la trombiculose. La saison la plus propice est l'été.

L'usage de colliers et de vaporisateurs insecticides est indiqué.

Le *Cheyletiella*

La cheyletiellose est une dermite (avec abondance de squames) causée par un petit acarien, le *Cheyletiella.* Les démangeaisons sont intenses. La contagion à l'homme se fait très facilement. Le traitement acaricide est efficace.

Le culex

La piqûre de ce moustique serait anodine si elle ne transmettait pas la terrible dirofilariose, communément appelée « ver du cœur » en Amérique du Nord et dans la France méridionale. Un vermifuge systémique spécifique est utilisé à titre préventif et curatif.

Le phlébotome

La femelle de ce petit moucheron bossu et velu pique les chiens (le soir) et peut leur transmettre la leishmaniose (sud-est de la France).

Le sarcopte

La gale sarcoptique est causée par ce petit acarien qui creuse des galeries dans la peau, occasionnant des démangeaisons intenses. Le grattage dissémine les lésions. Des frictions acaricides sont prescrites, en plus des traitements systémiques.

La gale est très contagieuse pour les chiens. De rares cas de contagion à l'homme ont été décrits.

Le demodex

Le demodex est un parasite banal qui est présent sur 85 % des chiens. Il vit dans les follicules pileux. Certains chiens souffrent de la gale démodécique, caractérisée par l'alopécie, c'est-à-dire la perte de poil diffuse ou par plaques ovales, parfois accompagnée de démangeaisons. Ces lésions sont souvent compliquées d'une infection bactérienne purulente, rendant le pronostic réservé.

Le traitement est à base d'acaricides par voie orale et d'antibiotiques, dans les cas de surinfection purulente.

Cette variété de gale n'est pas contagieuse. Comme la sensibilité à souffrir de cette affection est en partie d'origine génétique, probablement par immunodéficience, il est déconseillé de faire se reproduire les chiens qui en sont atteints.

La teigne

La teigne est une maladie de la peau sans démangeaisons caractérisée par l'apparition de plaques circulaires sans poils qui se rejoignent parfois. Elle est causée par des dermatophytes de type *Microsporum.* Ces petits champignons microscopiques filamenteux se nourrissent de kératine.

Cette affection est contagieuse pour les humains sensibles.

Le traitement est à base d'antimycosiques à usage local ou par voie orale.

Les parasites internes

L'ascaris

L'ascaris (*Toxocara, Toxascaris*) est un ver rond (nématode), long de 5 à 18 cm, qui vit dans l'intestin grêle. Les œufs sont éliminés avec les excréments du chien et sont ainsi disséminés dans l'environnement. Après ingestion, les œufs se transforment en larves qui traversent l'intestin, passent par le foie, empruntent la circulation sanguine, arrivent aux poumons, puis à la gorge, sont avalées et deviennent adultes dans l'intestin. Chez les adultes, ces larves peuvent s'enkyster dans les muscles, le cerveau ou ailleurs. Chez la chienne gestante, ces larves enkystées se réveillent, passent à travers le placenta pour infester les chiots, qui naissent porteurs d'ascaris.

Un traitement antiparasitaire régulier est indispensable, notamment chez la chienne gestante et les chiots.

Le ténia

Le ténia est un ver plat de la classe des cestodes ; le plus commun est le *Dipylidium caninum,* long de 5 à 50 cm, vivant dans l'intestin. Il est composé de petits segments musclés emplis d'œufs (ressemblant à des grains de riz mobiles), qui se fraient un passage au niveau de l'anus, dans ou hors des excrétions. L'hôte intermédiaire est la puce ou le pou, dont les larves se régalent d'œufs de ténia.

D'autres ténias plus rares sont absorbés avec de la viande crue ou des abats de lapin et de lièvre, de poisson même, et causent des atteintes graves au foie, aux poumons et au cerveau, entre autres.

Les nématodes

Il existe de nombreux nématodes. Certains, comme l'ascaris dont il a été question auparavant, vivent dans l'intestin et peuvent causer des diarrhées parfois hémorragiques (ankylostome, trichure), d'autres vivent dans les poumons ou sous la peau, et d'autres encore dans le cœur : c'est le cas du *Dirofilaria* et de l'*Angiostrongylus.*

Pour prévenir et traiter ces infestations, consultez votre vétérinaire.

Le giardia

Les giardias sont des parasites unicellulaires flagellés qui infestent l'intestin et causent des entérites chroniques avec diarrhée, gaz, crampes et nausées. Le traitement est à base d'antiparasitaires spécifiques. La contamination entre chiens et humains est possible, par l'intermédiaire d'aliments souillés ; une bonne hygiène prévient cette contamination.

La coccidie

Les coccidies sont des parasites unicellulaires intestinaux qui se reproduisent dans l'intestin et causent des entérites muqueuses parfois sanguinolentes. Il y a plusieurs types de coccidies, certaines (*Neospora*) étant plus résistantes aux traitements que d'autres (*Isospora*).

Les coccidies se transmettent par les selles, à l'exception de l'*Hepatozoon* qui est transmise par l'ingestion d'une tique (*Rhipicephalus*).

Elles sont traitées à l'aide de médicaments antiparasitaires ou d'antibiotiques spécifiques.

Le toxoplasme

Le toxoplasme (*Toxoplasma gondii*) est une coccidie qui vit son cycle de vie complet chez le chat, mais qui peut infester tous les mammifères, et certains poissons et reptiles. Il est toutefois à noter que, chez ces derniers hôtes, son cycle s'arrête au niveau des larves enkystées dans les muscles, occasionnant de la fièvre et des douleurs musculaires. Chez les individus immunodéficients, le parasite peut entraîner des lésions oculaires et cérébrales, y compris la paralysie, des convulsions et des tremblements.

L'infestation est rarement transmise par l'ingestion d'aliments souillés par des selles de chats contaminés, mais plus fréquemment par l'ingestion de viande contaminée. La maladie se traite à l'aide d'un antibiotique spécifique.

Le piroplasme

Le piroplasme (*Babesia canis*) est un parasite qui cause la piroplasmose. Ce parasite est transmis par une tique. Il détruit les globules rouges, causant de l'anémie, et porte une atteinte grave au foie et aux reins. L'urine prend une coloration rouge à cause de la présence d'hémoglobine. Le traitement est efficace quand il est administré tôt.

La leishmania

La leishmania est transmise par la piqûre d'un insecte appelé « phlébotome ». Elle entraîne la leishmaniose, caractérisée par une dermite avec squames, des gonflements ganglionnaires et un amaigrissement grave. Le chien affecté reste porteur de leishmania et constitue un risque de contamination indirecte (par insecte interposé) pour l'homme.

Les maladies du métabolisme

Voici quelques maladies du métabolisme parmi les plus fréquentes chez le chien.

Le diabète sucré

Il s'agit d'un excès de glucose (sucre) dans le sang, causé par une insuffisance d'insuline, une hormone sécrétée par le pancréas. Les chiennes y sont prédisposées durant le postœstrus, c'est-à-dire la période qui suit les chaleurs, et pendant la gestation. La stérilisation prévient cette maladie chez la chienne. Les symptômes sont un appétit démesuré et une trop grande ingestion de liquide. Le diabète s'accompagne parfois de cataracte et d'atteintes à la rétine. Le diabète est souvent un symptôme d'appel de la maladie de Cushing. Il se traite en ayant recours à un régime alimentaire strict et à des injections quotidiennes d'insuline.

L'hypothyroïdie

Lorsque la thyroïde ne produit pas suffisamment d'hormones, divers symptômes se manifestent : dépression, ralentissement locomoteur, anxiété, crises de panique, parfois de l'agressivité, pertes de poil symétriques sans prurit, ralentissement cardiaque, diminution de la résistance au froid, augmentation de l'appétit et prise de poids.

Un traitement substitutif aux hormones thyroïdiennes de synthèse est indispensable pour soulager le chien.

La maladie de Cushing

Cette maladie est due à un excès de cortisol dans l'organisme, causé par une tumeur des glandes surrénales, une tumeur de l'hypophyse ou un abus de médicaments à « effet cortisone ».

Les symptômes sont une tendance à la dépression, une soif importante, une perte de poil symétrique sans prurit et une distension abdominale.

Le syndrome polyuro-polydipsique

Plusieurs maladies peuvent être à l'origine de polydipsie, c'est-à-dire que le chien boit exagérément, et de polyurie, c'est-à-dire qu'il urine trop et trop fréquemment :

- insuffisance rénale chronique ;
- infection de la matrice (métrite, pyomètre) ;
- diabète sucré ;
- diabète insipide ;
- syndrome de Cushing ;
- insuffisance hépatique ;
- anxiété ou trouble obsessionnel-compulsif avec potomanie ;
- et d'autres affections plus rares.

Les maladies du système digestif

Le système digestif commence au niveau de la bouche et se termine à l'anus, et implique le bon fonctionnement du foie, du pancréas, etc. Voici quelques maladies très fréquentes qui affectent ce système.

Le tartre dentaire et la parodontose

Le tartre peut être prévenu par un brossage quotidien avec un dentifrice approprié, conçu pour les chiens.

La salive, les aliments, les très nombreuses bactéries présentes dans la bouche déposent sur les dents un film collant, appelé plaque dentaire. Cette plaque presque invisible se calcifie : c'est le tartre. Le tartre est donc, en quelque sorte, de l'infection calcifiée. Il cause la gingivite, une infection de la gencive qui explique l'haleine souvent nauséabonde du chien. Le tartre va atteindre la racine dentaire, abîmer le ligament alvéolo-dentaire (ligament qui attache la dent à son alvéole), et les dents se déchausseront : c'est la parodontose. Dans certains cas, des abcès dentaires viennent compliquer la situation.

Quand il y a beaucoup de tartre, il faut l'enlever. Les dents déchaussées seront généralement enlevées. C'est un acte chirurgical long qui nécessite une anesthésie. Les plaies aux gencives seront traitées, elles aussi, et parfois un traitement aux antibiotiques sera nécessaire.

La carie et la fracture dentaire

Les dents abîmées, cariées ou fracturées peuvent être soignées et préservées afin d'éviter les infections de la pulpe (pulpites) et les nécroses. Il faut procéder à une obturation profonde et superficielle par des résines. Les couronnes dentaires trop abîmées seront l'objet d'une reconstitution par prothèse par un vétérinaire orthodontiste.

La gastrite

Toute inflammation de l'estomac porte le nom de « gastrite » et les vomissements en sont le principal symptôme. La gastrite peut être aiguë ou chronique.

Ne tentez pas de traiter vous-même votre chien. La seule chose que vous puissiez faire en attendant un diagnostic précis et un traitement approprié est de garder votre chien à jeun.

Voici quelques causes de gastrite aiguë :

- aliments inadaptés, corps étrangers ;
- intoxications (végétaux, produits chimiques) ;
- virus, bactéries ou parasites ;
- allergies.

Et quelques causes de gastrite chronique :

- anxiété ;
- insuffisance rénale ;
- reflux biliaire ;
- tumeur à l'estomac.

Les vomissements du chien à jeun sont souvent dus à des reflux biliaires du duodénum vers l'estomac. Ils peuvent entraîner des gastrites chroniques. Ils se soignent facilement en adoptant une bonne hygiène alimentaire. Offrez à votre animal plusieurs petits repas, dont un tard le soir et un tôt le matin.

Les vomissements ne sont pas toujours le symptôme d'une maladie de l'estomac, mais peuvent être une réaction à la peur ainsi qu'à de multiples autres affections, par exemple une atteinte du centre du vomissement (dans le bulbe de l'encéphale) causée par des toxines ou des médicaments, le mal des transports, la péritonite, l'hépatite, la métrite, le diabète sucré, l'insuffisance rénale chronique et autres.

La diarrhée, l'entérite et la colite

On nomme « diarrhée » toute augmentation de la fréquence des selles, de leur teneur en eau ou de leur volume. Autant dire que le sujet est vaste et regroupe des problèmes tant intestinaux que métaboliques. Tout traitement doit être spécifique, sous peine d'entraîner parfois des complications sévères, voire mortelles : corps étrangers perforants, parvovirose, diarrhée des chiots, pancréatite aiguë, invagination intestinale, etc. Voici quelques symptômes permettant de reconnaître une atteinte de l'intestin grêle (entérite) d'une atteinte du gros intestin (colite). Certaines entérites peuvent être mortelles ; ce n'est pas le cas des colites.

	Intestin grêle	**Gros intestin**
Appétit	diminué, absent	normal
État général	mauvais	bon
Selles	liquides	molles
Selles : volume	augmenté	normal à augmenté
Selles : mucus	non	oui
Selles : fréquence	augmentée	très augmentée
Sang (si présent)	noir	rouge

Si l'état général est bon, un jeûne de 24 heures peut résoudre pas mal de problèmes. Si l'état général est mauvais, s'il y a du sang dans les selles, il faut consulter immédiatement votre vétérinaire et n'offrir aucun médicament de votre propre chef.

Parmi les diarrhées chroniques avec amaigrissement, on retrouve le syndrome maldigestion-malabsorption-malassimilation, lié à une mauvaise digestion ou à une mauvaise absorption des aliments par la paroi intestinale. La cause principale de la diarrhée chronique est l'insuffisance pancréatique, une déficience en enzymes digestifs. Ce syndrome se traite à l'aide d'aliments hyperdigestibles et d'enzymes de substitution. Notez que la grande majorité des chiens digère mal les amidons que l'on retrouve dans les céréales, les farineux et les légumineuses. Notez aussi que les amidons constituent la base de la plupart des aliments en croquettes. Ils donnent des selles volumineuses, des gaz et, parfois, causent la coprophagie. Dans ce cas, un régime riche en protéines, à base de viande crue, de préférence, facilite la digestion.

Les affections des sacs anaux

De part et d'autre de l'anus se trouvent deux glandes dont la vidange est spontanée au moment de l'excrétion. Ces glandes anales ou sacs anaux s'engorgent souvent et présentent des complications comme l'infection et l'apparition d'abcès et de fistules.

On peut diminuer l'engorgement en vidant ces glandes par compression manuelle. L'abcès est traité à l'aide d'antibiotiques et, au besoin, par une incision chirurgicale pour vidange du pus. En cas de récidive fréquente, l'ablation chirurgicale est indiquée.

Le circumanalôme

Il s'agit d'une tumeur très fréquente des glandes situées à la marge cutanée de l'anus. Ces tumeurs sont sous dépendance des hormones masculines et sont le plus souvent bénignes.

Il faut alors gérer le taux d'hormones mâles par des traitements hormonaux (anti-testostérone) ou par la castration.

Les maladies du système urinaire

La cystite

La cystite est une inflammation de la vessie caractérisée par de fréquents besoins d'uriner, de la douleur à la miction et parfois la présence de sang dans l'urine. La cystite peut être causée par une simple infection, la présence de cristaux et de calculs ou, plus rarement, de polypes et de tumeurs. Pour préciser le diagnostic, le vétérinaire aura recours à l'analyse d'urine, à la radiographie et à l'échographie.

L'insuffisance rénale chronique

Il s'agit d'une défaillance progressive des fonctions rénales, détectable lorsque la plus grande partie des tissus du rein est atteinte, en général à cause du vieillissement. Le symptôme le plus évident est la quantité excessive d'urine (polyurie) et l'augmentation de la soif qui en est la conséquence (polydipsie). Ensuite apparaissent des signes d'intoxication par les déchets non éliminés de l'organisme : vomissements, diarrhée, ulcération de la bouche, mais aussi anémie, décalcification des os (surtout de la mâchoire) et calcification des reins. Des analyses d'urine et de sang qui mesureront les taux de phosphates, d'urée, d'ammoniac et, surtout, de créatinine permettront d'en préciser l'évolution.

Il s'agit d'une affection progressive et incurable. Une diète appropriée sera la meilleure aide, notamment grâce à un apport limité en protéines, mais constituée d'aliments très faciles à digérer. Aucun traitement ne devrait être négligé pour améliorer la fonction rénale, y compris l'homéopathie et la phytothérapie.

L'incontinence urinaire, l'énurésie

Il s'agit d'une perte du contrôle des émissions d'urine soit pendant les périodes d'activité, soit pendant le sommeil. Dans tous les cas, le vétérinaire fera un bilan émotionnel du chien (évaluation du niveau d'anxiété et des symptômes de dépression), ainsi qu'un bilan somatique (interventions chirurgicales du système génital ou urinaire, infections de la vessie, atteintes neurologiques et autres). Il tentera ainsi de déterminer l'origine du problème et de proposer un traitement approprié. La chienne stérilisée peut souffrir d'une incontinence causée par un manque d'œstrogènes ; on corrige le problème en donnant des œstrogènes synthétiques.

Les maladies du système génital

La métrite

La métrite est l'infection de la matrice (utérus). Elle prend le nom de « pyomètre » lorsqu'il y a présence de pus dans la cavité utérine. Il s'agit d'une maladie grave, mettant la vie de la chienne en danger. Elle survient spontanément durant le métœstrus (prédisposition hormonale chez une chienne de plus de 5 ans), ou à la suite d'une mise bas ou d'un avortement par injection hormonale.

Les symptômes varient. Des écoulements purulents à la vulve ne sont pas toujours présents (si le col de l'utérus reste fermé). On note parfois une augmentation de la température. L'appétit n'est pas toujours diminué. Il est cependant fréquent d'observer une augmentation de la quantité d'urine et une très grande soif (polyuro-polydipsie).

Un traitement médical est possible, mais la thérapeutique habituelle est l'ablation chirurgicale de l'utérus (et des ovaires) et le traitement de l'infection, de l'insuffisance rénale associée et de la déshydratation.

Les affections de la prostate

La prostate du chien subit différentes affections, comme la prostatite, une infection de la prostate. On remarque alors une augmentation de volume appelée « hyperplasie », l'apparition de kystes, voire d'un cancer. Une prostate au volume plus grand produit de la constipation et des problèmes urinaires (rétention) et, souvent, de l'hématurie, c'est-à-dire du sang dans l'urine.

Les hormones mâles et la frustration sexuelle favorisent l'apparition de ces affections. Un traitement anti-hormone mâle, voire la castration, s'imposera. En cas d'infection, des antibiotiques seront prescrits.

Les maladies respiratoires

L'arbre respiratoire commence aux narines et se termine aux alvéoles pulmonaires. Chaque segment a ses pathologies, allant du simple rhume (coryza) à la pneumonie, en passant par l'amygdalite (angine), la trachéite, la bronchite, et la bronchiolite. Certains liquides peuvent s'accumuler dans la cavité thoracique : du sang (hémothorax), notamment à la suite de certains accidents, de l'eau (œdème pulmonaire) en cas d'insuffisance cardiaque ou même de la lymphe (chylothorax).

La trachée est soutenue par des cartilages annulaires ; si certains d'entre eux perdent leur rigidité, la trachée s'affaisse sur elle-même, c'est le collapsus : le passage de l'air est réduit et le chien se met à tousser.

Les maladies cardiovasculaires

Elles sont nombreuses et vont des malformations congénitales du cœur aux troubles du rythme cardiaque, en passant par les infections, les modifications du muscle cardiaque, en fait presque toutes les maladies connues chez l'homme, sauf l'infarctus du myocarde, que l'on voit rarement chez le chien.

L'insuffisance cardiaque

C'est une diminution de la fonction de la pompe cardiaque. Les symptômes dépendent de la partie atteinte : cœur gauche, cœur droit ou atteinte globale.

Insuffisance du cœur gauche	**Insuffisance du cœur droit**
Toux nocturne à toux constante	Augmentation du volume du foie
Difficulté respiratoire, à l'effort d'abord, permanente ensuite	Œdème au niveau de l'abdomen (ascite), du thorax, congestion veineuse
Œdème du poumon, syncopes	Amaigrissement, cachexie

On détermine 4 stades de l'insuffisance cardiaque :

- quelques symptômes transitoires ;
- difficultés à l'effort ;
- effort impossible, animal presque normal au repos ;
- symptômes présents même au repos.

L'insuffisance cardiaque est incurable. Les problèmes valvulaires évoluent lentement ; les problèmes de dilatation du cœur (cardiomyopathie dilatée) évoluent vite. Les traitements palliatifs peuvent seulement apporter une aide transitoire, mais procurer beaucoup de confort à l'animal.

Les affections de l'appareil locomoteur

L'appareil locomoteur est constitué des os, des articulations, des tendons, des muscles et des ligaments.

Les pathologies des os ou ostéopathies les plus fréquentes chez les chiots en croissance sont l'ostéochondrite disséçante et la dysplasie de la hanche, surtout chez les grands chiens. Les fractures causées par des accidents sont les pathologies les plus courantes à tout âge et sont l'objet de multiples traitements réparateurs : ostéosynthèse, c'est-à-dire l'application de broches et de plaques. Mais n'oublions pas de mentionner le terrible cancer des os, l'ostéosarcome, heureusement assez rare.

Les pathologies musculaires ou myopathies peuvent être d'origine infectieuse (tétanos), parasitaire (toxoplasmose, dirofilariose), immunologique (myosite des masticateurs, polymyosite idiopathique), héréditaire ou fonctionnelle (myopathie de surmenage).

Bien entendu, ces listes sont incomplètes. Il faut y ajouter tous les traumatismes articulaires comme les luxations, l'arthrite et les traumatismes ligamentaires. Et même si tout ne se guérit pas, tout se soigne très bien aujourd'hui !

L'arthrose

L'arthrose est une destruction progressive des cartilages articulaires, associée à une ossification déformante de la capsule, des ligaments et des autres pièces de l'assemblage articulaire. C'est un processus douloureux qui évolue vers l'ankylose. Les premiers signes sont la douleur et la raideur au lever, exacerbées par l'exercice excessif, l'humidité et le froid. L'agressivité par irritation (douleur et anticipation de contact) est aussi une des composantes possibles du tableau clinique.

Une radiographie permettra d'estimer l'étendue des lésions.

L'arthrose peut être présente sur toute articulation, à la suite de contraintes mécaniques (traumatismes ou défaut d'aplomb), d'anomalies du cartilage ou des os, ou à la suite de processus dégénératifs (vieillesse) ou inflammatoires (arthrite). Quand l'arthrose attaque les articulations entre les vertèbres, on parle de spondylose.

De nombreux traitements existent, chacun avec sa spécificité : les anti-douleurs, les anti-inflammatoires, les chondroprotecteurs (glucosamine, chondroïtine et antioxydants), l'homéopathie, l'acupuncture, la phytothérapie, l'usage des acides gras, la kinésithérapie et d'autres encore. Il est important que le chien arthrosique continue de bouger sous peine de fonte musculaire qui aggrave le handicap.

Les affections neurologiques

Parmi les dizaines d'affections touchant le cerveau et les nerfs, voici quelques pathologies courantes, mises à part les encéphalites causées par la maladie de Carré et la rage dont il a déjà été question. Mais il faut se souvenir que les cellules nerveuses détruites ne sont pas remplacées et entraînent dès lors des déficits permanents.

Les convulsions et l'épilepsie

Il s'agit d'une perturbation du tonus musculaire, avec ou sans saccades partielles ou généralisées, souvent accompagnée de salivation, de miction et de défécation, et de perte de conscience. Il existe de multiples causes aux convulsions, allant d'un taux sanguin de glucose ou de calcium anormal à l'insuffisance hépatique, à la tumeur cérébrale et aux perturbations électriques (épilepsie vraie, d'origine congénitale ou traumatique).

Un traitement sera justifié en fonction de la fréquence et de l'intensité des crises, du confort de l'animal et de ses maîtres : on traite généralement les crises convulsives dont la fréquence est supérieure à une fois par mois ou qui apparaissent en salves.

La hernie discale

Chaque vertèbre est séparée des autres par un disque cartilagineux et quand une partie d'un disque se déplace et vient comprimer la moelle épinière, cela entraîne des douleurs et parfois la paralysie.

Plusieurs traitements sont conseillés, depuis l'emploi de corticoïdes, d'anti-inflammatoires, jusqu'à la chirurgie pour enlever le disque hernié et éviter la compression de la moelle épinière ; ces traitements exigent un repos obligatoire de 3 semaines.

En cas de paralysie des membres inférieurs, on peut équiper le chien d'un chariot (fauteuil roulant) afin de lui permettre de se déplacer et de rester le plus autonome possible.

La myélopathie dégénérative

C'est une dégénérescence évolutive de la moelle épinière qui entraîne des troubles locomoteurs (déséquilibre, paralysie), des pertes de sensibilité et une fonte musculaire. Elle évolue de l'arrière vers l'avant, engendrant d'abord des troubles parétiques (paralysie partielle ou progressive) puis des membres postérieurs, de l'incontinence urinaire et fécale, avant d'engendrer une paralysie des muscles respiratoires.

L'accident vasculaire cérébral

Que ce soit à la suite d'une hémorragie ou d'une thrombose, un groupe de cellules nerveuses est brusquement abîmé ou détruit, provoquant une symptomatologie de crise, avec perte de connaissance, dilatation des pupilles, troubles du rythme cardiaque, paralysie partielle et autres. Si l'animal récupère, il aura souvent des séquelles : parésie, paralysie, tics musculaires, agressivité éventuelle.

Les affections des yeux et des oreilles

La conjonctivite, la kératite

Les affections de la conjonctive, infections, allergies ou irritations, s'accompagnent de rougeur, de larmoiement et parfois d'un écoulement purulent. L'atteinte inflammatoire de la cornée, la kératite, et l'ulcère cornéen, qui peut être causé par une infection, un corps étranger ou un coup de griffe, sont des urgences médicales, sous peine de perdre la transparence de l'œil, donc la vue.

Une pathologie de plus en plus fréquente est la kérato-conjonctivite sèche, liée à un manque de larmes ; elle se traite avec des collyres à la cyclosporine.

La cataracte

L'opacité du cristallin entraîne une diminution de la quantité de lumière perçue par la rétine. Le chien voit comme à travers une vitre translucide. Il perd d'abord la vision des détails, ensuite il ne peut plus reconnaître les formes ni les objets ; finalement, il ne perçoit presque plus la lumière. Le traitement de la cataracte est chirurgical.

La cécité

Que ce soit à cause de la dégénérescence de la rétine ou pour d'autres raisons, la perte de la vue est un handicap auquel le chien s'adapte assez bien, pourvu que l'on ne modifie pas constamment son milieu de vie et que son odorat soit fonctionnel.

L'otite

L'inflammation du conduit auditif externe causé par un excès de cérumen, une infection, la présence de parasites comme la gale et les levures, un corps étranger, une allergie (toute allergie dont celles alimentaires) seront soignés rapidement et longtemps, par des nettoyages et des applications topiques. Tout défaut dans le traitement pourrait provoquer un épaississement de la muqueuse, au point que le canal serait complètement oblitéré, signe d'incurabilité.

La surdité

Les chiens âgés perdent de leur acuité auditive, mais la surdité d'une ou des deux oreilles peut frapper un chien à tout âge. La surdité peut être causée, entre autres, par un traumatisme du tympan, une otite chronique, une intoxication à certains médicaments et des lésions cérébrales. Elle peut également être congénitale.

Les affections particulières du berger allemand

Les affections des os et de l'appareil locomoteur

- **Dysplasie du coude:** affection congénitale caractérisée par un développement anormal de l'articulation du coude, avec gonflement douloureux et boiterie.
- **Ostéochondrite dissécante de l'épaule:** ulcération du cartilage articulaire de l'épaule, avec gonflement douloureux et boiterie.
- **Dysplasie de la hanche:** affection congénitale, d'hérédité partielle (environ 30%), qui se caractérise par un développement anormal de l'articulation de la hanche, entraînant une mauvaise coaptation. La dysplasie évolue rapidement vers l'arthrose. Il n'y a pas de relation stricte entre la lésion précisée par radiographie (quatre stades) et la fonction de la hanche, certains chiens (près de 40%) marchant relativement bien avec des hanches abîmées. La dysplasie de la hanche fait l'objet d'un programme

d'éradication basé sur la radiographie obligatoire des futurs reproducteurs vers l'âge d'un an à un an et demi. Si la part de l'hérédité dans le cas de cette maladie n'est que de 30 %, cela signifie que l'environnement joue un rôle important. Je conseille de ralentir la croissance, de garder le chiot mince – surtout d'éviter tout excès de poids – et de lui faire faire des exercices physiques, mais sans excès, pour augmenter le volume musculaire de ses muscles fessiers. Les chiens de grande taille aux muscles volumineux souffrent moins de dysplasie. Chaque éleveur et vétérinaire a, à ce sujet, sa propre idée. Je vous conseille de prendre l'avis de votre vétérinaire personnel.

- **Myélopathie dégénérative :** paralysie progressive lente des membres postérieurs, pouvant commencer vers l'âge de 5 ans. Affection similaire à la sclérose en plaques humaine.

Les affections du système digestif

- **Insuffisance pancréatique exocrine :** insuffisance de production des enzymes digestifs du pancréas exocrine, entraînant une mauvaise digestion, particulièrement des amidons, avec selles volumineuses, voire diarrhées chroniques et coliques. Maladie auto-immune, d'évolution habituelle à partir de l'âge de 4 ans.
- **Dilatation-torsion de l'estomac :** dilatation avec ou sans torsion de l'estomac, avec envies de vomir inefficaces, distension intense et rapide de l'abdomen, état de choc et mort en quelques heures. Traitement chirurgical d'urgence nécessaire.

L'affection cardiovasculaire

- **Cardiomyopathie dilatée :** dilatation du cœur avec insuffisance cardiaque progressive.

Les troubles du comportement

- **Agression :** le berger allemand étant à la base un chien de travail et ayant été sélectionné comme chien de garde, on voit apparaître des lignées présentant de l'agression de distancement et de l'agression territoriale, rendant le comportement de ces chiens difficile à gérer en public, alors qu'il reste agréable en famille.

- **Tournis :** tendance à tourner sur lui-même, avec ou sans capture de la queue, de quelques minutes à plusieurs heures par jour. Cette affection a une base génétique ; elle peut s'exprimer dès l'âge de 8 semaines ou débuter chez le jeune adulte, et elle a tendance à s'aggraver avec l'âge. La situation peut être améliorée, sans qu'on puisse régler le trouble complètement, par la prise de psychotropes et en donnant au chien des activités alternatives motivantes.

Références

Adresses utiles

Sociétés cynologiques

Société cynologique du Québec (Société canine de Québec inc.) : www.societecaninedequebec.com

Société cynologique française (Société Centrale Canine) : www.scc.asso.fr/home.php

Société cynologique belge (Société Royale Saint-Hubert) : www.srsh.be/pages-fr/index.html

Société cynologique suisse : www.skg.ch/lang/fr/pid/1.html

Clubs de race du berger allemand

Club belge du berger allemand (Royal Club du Berger Allemand de Belgique [RCBA]) : http://www.rcba.be/

Club français du berger allemand (Société du Chien de Berger Allemand [SCBA]) : www.berger-allemand.com ou www.berger-allemand.org

Club suisse du berger allemand (Schweizerischer Schäferhund-Club, site en allemand) : www.schaeferhund.ch

Club canadien du berger allemand (German Shepherd Schutzhund Club of Canada) : www.gsscc.ca

Club allemand du berger allemand (Verein für Deutsche Schäferhunde, site en allemand) : www.schaeferhunde.de

Vétérinaires comportementalistes

Vétérinaires comportementalistes en France : http://zoopsy.free.fr/public/index.html

Vétérinaires comportementalistes en Belgique : www.gerc.be

Vétérinaires comportementalistes en Suisse : www.stvv.ch/index_f.htm

Vétérinaires comportementalistes au Québec : http://joeldehasse.com/prof/vet-cpt-ref.html

Vétérinaires spécialistes en comportement (sites en anglais) :

Collège européen : www.ecvbm.org

Collège américain : www.veterinarybehaviorists.org

Du même auteur

Ma vie de chat, illustrations de Bruno Marchand, Paris, Delcourt Productions, 1991.
Chiens hors du commun, Montréal, Le Jour, éditeur, 1996.
Chats hors du commun, Montréal, Le Jour, éditeur, 1998.
L'éducation du chien, Montréal, Les Éditions de l'Homme, 1998, 2009.
L'éducation du chat, Montréal, Le Jour, éditeur, 2000, 2004.
Mon jeune chien a des problèmes, Montréal, Le Jour, éditeur, 2000, Les Éditions de l'Homme, 2008.
Mon chien est bien élevé, Montréal, Le Jour, éditeur, 2000, Les Éditions de l'Homme, 2009.
Mon chien est-il dominant ?, Montréal, Le Jour, éditeur, 2000, Les Éditions de l'Homme, 2010.
Le chien qui vous convient, Montréal, Le Jour, éditeur, 2001.
Le chien agressif, Éditions Publibook, 2002.
Tout sur la psychologie du chat, Paris, Odile Jacob, 2005, 2008.
Mon animal a-t-il besoin d'un psy ?, Paris, Odile Jacob, 2007.
Je nage avec les dauphins sauvages, Bruxelles, i'M éditions, 2008.
Mon chien est heureux, Paris, Odile Jacob, 2009.
Tout sur la psychologie du chien, Paris, Odile Jacob, 2009.
Dans la collection « Mon chien de compagnie » chez Le Jour, éditeur, 48 titres sur les races de chien.

Site Internet de l'auteur : www.joeldehasse.com

Table des matières

Suivez-nous sur le Web

Consultez nos sites Internet et inscrivez-vous à l'infolettre pour rester informé en tout temps de nos publications et de nos concours en ligne. Et croisez aussi vos auteurs préférés et notre équipe sur nos blogues !

EDITIONS-LAGRIFFE.COM
EDITIONS-HOMME.COM
EDITIONS-JOUR.COM
EDITIONS-PETITHOMME.COM

MARQUIS
Marquis imprimeur inc.

Québec, Canada
2011

Achevé d'imprimer au Canada
sur papier Enviro 100% recyclé

100%
BIO GAZ